台灣放輕鬆

台灣放輕鬆

台灣放輕鬆

台灣放輕鬆

TAIWAN

台灣放輕鬆

take

it

easy

台灣放輕鬆 3
在野台灣人

總策劃：莊永明
撰文：賴佳慧
漫畫：似鳥
歷史插圖：閒雲野鶴

監修：曹永和、許雪姬、張勝彥、吳密察
副總編輯：周惠玲
編輯：黃嬿羽、葉益青
資料編輯：黃智偉
修文：張嘉驊、林皎宏
圖片翻拍：陳輝明、徐志初、黃智偉
美術總監：張士勇
美術構成：集紅堂廣告有限公司

發行人：王榮文
出版發行：遠流出版事業股份有限公司
台北市100汀州路3段184號7樓之5
郵撥 / 0189456-1
電話 / (02)2365-1212 傳眞 / (02)2365-7979

香港發行：遠流（香港）出版公司
香港北角英皇道310號雲華大廈四樓505室
電話2506-9048 傳眞2503-3258
香港售價 港幣83元

著作權顧問：蕭雄淋律師
法律顧問：王秀哲律師、董安丹律師
2001年2月1日 初版一刷

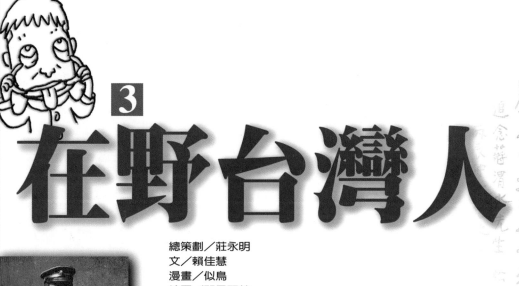

3 在野台灣人

總策劃／莊永明
文／賴佳慧
漫畫／似鳥
繪圖／閒雲野鶴

監修／曹永和、許雪姬、張勝彥、吳密察

Portraits of the Civil Protestants
in Taiwanese History

目　錄

◀ 台灣的老地圖

這是荷蘭海牙總檔案館所收藏的荷蘭時代赤崁耕地圖。農業,是荷蘭人在台灣殖民事業中極重要的部分。1644年秋天,西門・雅各松・東肯斯(Symon Jacobsz Domckens)畫下赤崁地區的耕地與道路地圖,日後成為唯一保存的代表作。地圖裡的深綠色地方是指稻田,黃色線條是道路,其他是未開墾地,其上畫了鹿、鴨表示。

總序

莊永明

閱讀歷史，會是一種沉重的負擔嗎？

了解歷史人物，會是一種困難的事情嗎？

放輕鬆！

請靠近一點，翻一翻這套書； 你會發現歷史並不生澀，歷史也絕不難懂，歷史更不是「遙不可及」的事。

你會覺得歷史人物絕不是「神主牌」，更不是不食人

編輯體例說明

【台灣歷史報】
帶你回到過去，見證歷史news化

【Q＆A】
挑戰你的「哈台」指數

【老廣告】
給你新古董的台灣味兒

間煙火，何況你所要貼近的是台灣人物，你所要明瞭的是台灣歷史。

沒有錯，就從這時候開始，讓我們走進時光隧道，讓我們回顧歷史長廊。

學習歷史，最快的入門方法是閱讀傳記；正如史學家羅斯（A. L. Rowse）所說的一句話：

「閱讀傳記是可以學到許多歷史的最便捷方法。」

【延伸閱讀】
➪ 《工學博士長谷川謹介傳》，1937出版（本書為日文資料，長谷川死後由其舊部屬製作出版，目前本書收藏於成功大學圖書館）。

【延伸閱讀】
提供深入資訊

【人物小傳】
告訴你有趣的軼聞故事

【舊聞提要】
打通你的任督二脈，變成全方位台灣通

【年表】
小年表認識個人
大年表解讀趨勢

讓我們從「三分鐘認識一位歷史人物」開始吧！

歷史教育是積累土地上世世代代先人的生活經驗；台灣歷史在威權時代，總是若隱若現的，甚至是「啞劇」。本土歷史人物自然也「難見世面」。

台灣邁進民主時代後，國民中小學才開始有了「鄉土教學」、「認識台灣」、「母語教育」等課程，然而在倉促間推出「本土」文化的教學，到底能喚醒多少人的歷史記憶和土地的認同？

台灣歷史人物，不論是原住民、閩南人、客家人，或外省人、外籍人士，只要在這塊土地流汗、流淚、流血奮鬥、奉獻，都是這套書選材的對象，為著在「歷史長廊」有著連貫性的互應，本套書也依學術、文學、美術、音樂……做為分類上的貫連，每一位人物且透過「台灣歷史報」去探索時空背景，因此這不僅是傳記書，也是歷史書。

胡適在其《四十自述》中盼望「添出無數的可讀而又可信的傳記來」，【台灣放輕鬆】系列當然也有這樣的企圖，僅是做為一種「入門書」，其最主要的意義還是導引大家對台灣人物、台灣歷史的興趣，相信有了此「紮根」的歷史教育，社會倫理、自然關愛也必落實。

祈盼台灣在積極打造成為「科技島」之餘，也不忘提升為紮實於本土歷史認知的「人文島」，台灣才不致沈淪。

導讀

莊永明

政府與人民的關係，絕對不是統治者與被統治者、支配者與被支配者的相對關係，也因此，如果執政者不公、不正、不義，人民有反抗的權利。

1895年，台灣淪日後，對專制外來政權的「革命行動」，台灣史劃分為「武裝抗日」和「非武裝抗日」。

革命被解釋為「順乎天，應乎人的改革」。非暴力的革命，實為不可剝奪的天賦人權。1920年代，是「台灣的自覺年代」。受到第一次世界大戰後，民族自決及民主主義思潮所影響，「台灣近代民族運動史」終於掀開了第一頁！

「夫立憲國貴在擁護民權，人民言論集會之自由乃憲法所保障者。然觀台灣統治之現狀，則有重大之誤謬存焉。蓋總督攬立法、行政之大權，而行獨裁政治，為政者不顧台灣之歷史、風習，不恤島民之輿論，掠奪人民應有之權利、束縛公眾言論之自由、濫用官權、

有「台灣人唯一之喉舌」稱譽的台灣民報，對日治時期大眾啓蒙運動貢獻卓著。

視百姓如奴隸……。」

這一段文字是擇自1924年1月30日廈門台灣學生大會的《宣言書》，可見彼時

台灣人反帝、反日的信念和決心。

　　日治下台灣政治與社會運動胎動於日本，最初表現在留日台灣學生的行動上，而後島內產生了一頁又一頁可歌可泣的非武裝抗日史！

　　1921年1月起開始的「台灣議會期成運動」、1921年10月「台灣文化協會」成立、1927年7月「台灣民眾黨」創黨、1930年「台灣地方自治聯盟」創設，其間還有「農民組合」、「工友聯盟」等農工抗爭運動，可證台灣人對日本殖民統治政權的反抗，是前仆後繼，勇往直前的。

　　日本統治者明白表示：「要讓台灣脫離日本，成為自治體是絕對不可能、也是不被允許的事。」難怪民族運動功敗垂成。1930年代後，反抗殖民政權的火種雖未熄滅，但是都成了未能燎原的「星星之火」。

　　1945年終戰，國民政府遷台，由於國共內戰慘敗的教訓，國民黨在台實施「一黨專政」，並以「動員戡亂時期」壓制言論自由、取締民主運動，讓人箝口結舌，少數反對人士仍不畏高壓，盡知識分子本職發表諍言，甚而企圖突破黨禁，籌組「反對黨」。這些投入戰後人權運動的志士，不分省籍，他們期望的是自由、民主在台灣開花結果。

這是日本殖民政府頒予台灣富商仕紳的「紳章」，表面看是表彰他們的社會地位，其實是一種籠絡手段。

20位在野台灣人的主要活動區域

林呈祿　王添灯
蔡培火　李萬居
連溫卿　殷海光
雷震

魏廷朝

蔡式穀
黃旺成

桃園　台北　基隆

蔣渭水

新竹

宜蘭

葉清耀

蔡惠如

林獻堂
林幼春

苗栗

台中

王敏川

洪棄生

彰化

南投　花蓮

雲林

翁俊明
林秋梧

嘉義

台南

台東

高雄

郭國基

屏東

《台灣放輕鬆》第三冊以20位「異議分子」為主角，彰顯他們代表「在野」的民眾反專制、反強權的奮鬥史。

1895年，台灣淪日後，30歲的清末秀才洪月樵取別號為「棄生」，不僅採「不合作」態度與日本殖民政府對抗，還為台灣人守土衛疆的勇敢事蹟留存紀錄。

霧峰林家的林幼春、林獻堂和清水蔡家的蔡惠如都是「資本家」、「大地主」，他們漢學素養深厚，不僅憂心殖民教育會折損台灣傳統文化，也意識到長期受日本人的頤使，民族的前途永無生機，因此他們義不容辭領導改革運動。戰後，林獻

堂也因對國民政府失望，不惜自我放逐日本，終老異鄉。

　　日治時期有「台灣的劍橋和哈佛」之稱的「台灣總督府醫學校」和「台灣總督府國語學校」（後改制為「師範學校」），不僅培養不少台灣菁英，也「造就」不少抗日分子。醫學校畢業的翁俊明和蔣渭水兩個醫師，都是政治社會運動的先覺者，翁俊明後來前往大陸，進入國民黨體制，參加抗日；而留在島內的蔣渭水，領導同胞和日本統治者對抗，「一路走來，始終如一」的精神，是台灣民族運動史永恆的典範。

為了和「紳章」抗衡，反對運動人士也設計了「正義」勳章，頒給了從事反對運動者，「治警事件」被告者都是得獎人。

　　「國（日）語學校」（師範學校）栽培出的「訓導」（老師）有林呈祿、黃旺成、蔡培火、葉清耀、王敏川、蔡式穀，他們擔任教職的時間都不長，可能與不滿殖民政府的「二元教育」政策有關。放下教鞭後，他們都投效「非武裝抗日」的陣容。

　　列屬日治時期「白領階級」的醫師和律師，也是反對運動領導人物。其中葉清耀和蔡式穀都是為民爭公義的「辯護士」（律師）。

　　念過師範學校卻因「反日」而被開除學籍、改而投效「台灣文化協會」的林秋梧，30出頭即歸天，他晚年皈依，成為台灣「宗教改革」的革命僧。

1927年，「台灣文化協會」因左右路線思想之爭而分裂，「新文協」領導人物的王敏川、連溫卿，雖被「定位」為左派，但絕非激烈的革命人物，而是溫雅的「讀冊人」。

　　王添灯，是位茶商、代議士，也是報人，以「敢言」著稱。228事件時，他代表處理委員會向當局提出「處理大綱」，以致惹來橫禍，成了「消失的台灣菁英」之一。

　　同為報人的李萬居，是留法學人，終戰後接掌《台灣新生報》，後來脫離體制，另辦《公論報》，以「在野」立場批評時政，卻遭受無情打壓，最後參與籌組反對黨的活動。

　　國府戡亂時期的「黨禁」，為自由主義人士所不滿，外省人士雷震和殷海光為求政治改革，不僅以《自由中國》雜誌做為反對一黨專制的「發聲」機構，並聯合李萬居等台灣人共同籌組新的政黨，雖然功敗垂成，但在台灣近代民主運動史，留下可貴的一頁！

　　國民黨長期執政下的「強人政治」年代裡，不許有「異議分子」的存在，而以競選進入政壇，有「郭大砲」之稱的郭國基，他在擔任省議員、立法委員的問政期間，挑戰威權，能言敢言，國民黨的執政官員視為「眼中釘」。而另一個「肉中刺」的人物是魏廷朝，他是一位「反骨」的書生，因「台灣人民自救宣言」事件和「美麗島事件」，令他在獄中度過青春歲月，但至死無怨無悔。「美麗島事件」受難多人，以「永遠在野」的魏廷朝為代表，自有其意義。

　　革命是非常手段，對於手無寸鐵卻敢反專制、反奴役的在野「書生」，說他們是「革命分子」，或許太沈重，但書中這些反抗者反殖民統治、反戒嚴統治，絕對是大仁大勇的「民主鬥士」。

洪家牌超級補藥，
讓你頭好壯壯轉大人！

Q 清末秀才洪棄生，很瞧不起日本人的教育，他自己準備了一套
教材為孩子「進補」，結果他兒子把這套教材稱作 **?**

洪家食譜 **1**

鐵牛運功散

特濃牛乳 **3**

明目養眼Play Boy **4**

3 ^A 特濃牛乳

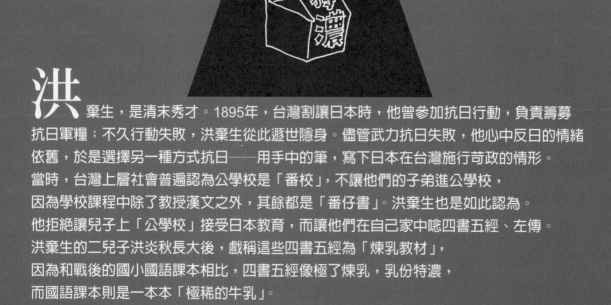

洪棄生，是清末秀才。1895年，台灣割讓日本時，他曾參加抗日行動，負責籌募
抗日軍糧；不久行動失敗，洪棄生從此遯世隱身。儘管武力抗日失敗，他心中反日的情緒
依舊，於是選擇另一種方式抗日──用手中的筆，寫下日本在台灣施行苛政的情形。
當時，台灣上層社會普遍認為公學校是「番校」，不讓他們的子弟進公學校，
因為學校課程中除了教授漢文之外，其餘都是「番仔書」。洪棄生也是如此認為。
他拒絕讓兒子上「公學校」接受日本教育，而讓他們在自己家中唸四書五經、左傳。
洪棄生的二兒子洪炎秋長大後，戲稱這些四書五經為「煉乳教材」，
因為和戰後的國小國語課本相比，四書五經像極了煉乳，乳份特濃，
而國語課本則是一本本「極稀的牛乳」。

約拍攝於1906年的洪棄生家族合照，前排左2為次子洪楸楸（炎秋），左3為洪棄生，左5為長兄洪文瑞。

人物小傳

採不合作主義的清末秀才──

洪棄生

1866.11.11~1928.2.9

青年時期的洪棄生。

洪棄生，本名洪攀桂，字月樵、一枝，1866（清同治5）年生，彰化鹿港人。「棄生」是他在台灣割日後自取的別號，意思是「清朝棄民，期待棄而後生」。

洪棄生才學洋溢，精通漢詩、古文等，在書塾、書院讀書時，成績常被評為第一。他曾擬古作〈長干行〉與〈艷歌行〉二長詩，驚艷一時。24歲時考取秀才，而在此之前，他已經有兩次代人考上榜的紀錄。

儘管學富五車，洪棄生的考運卻不平順，他鄉試連考了數次，仍未中榜。1894（光緒20）年，他第4次到大陸參加鄉試，不幸又落榜，隔年台灣割日，洪棄生自此與科舉絕緣。

台灣割日後，洪棄生以筆代刀，選擇以文字和言行來抗日。他拒說日語，不剪斷辮髮、不和日人打交道、不用日本年號、故意幫兒子取艱深難懂的名字刁難日本人，此外，他還拒絕出任區長一職。

除了不與日人合作外，洪棄生用他最擅長的筆，創

雖然不情願，洪棄生最後仍在日警的強制下被剪去了辮子。

洪棄生夫人丁鵬與孫女洪緞於北京合影。

作了〈中東戰記〉、〈瀛海偕亡記〉、〈議和割地紀事〉、〈台灣淪陷記哀〉、〈逃剪髮感詠〉、〈痛斷髮〉等詩文，詳實記錄台灣人抗日事蹟，與自己生不逢時心境。

　　洪棄生退隱後的生活大多投注在詩文的創作上。他與當時一些著名的文人多有來往，如連橫、林幼春、王松等。1919年，蔡惠如、林獻堂等人發行《台灣文藝叢誌》，洪棄生時常在其中發表文章，連橫創辦的《台灣詩薈》雜誌，也幾乎期期見到他的作品。

　　督導兒子與學生，也是洪棄生的生活重心。他的二兒子洪桜楸（炎秋）在他嚴格教導下，頗有成就，成為日後台灣大學教授、國語日報社的社長。不過，長子洪桜材卻在洪棄生62歲時虧空公款，潛逃到中國大陸。

　　洪棄生因是擔保人，不幸被捕入獄。1928年，洪棄生變賣土地償還債款出獄，但由於過度憂心長子不成材，加上入獄前曾被友人出賣，出獄後不久竟病死，享年63歲。

台灣

發行人：王阿舍　發行所：遠流舊聞社

舊聞提要

1. 總督府宣告6月15日為纏腳、蓄辮的最後期限。
2. 總督府發佈「臨時戶口調查規則」。

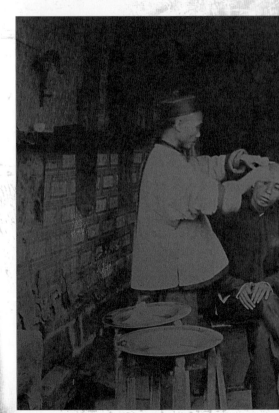

▲1915年總督府強制台灣男子必須剪去清國時期的髮辮，照片為日治之初街頭理髮的情景。

歷史報

1915年7月1日　穿越時空　獨漏舊聞

3. 為慶祝始政20週年，總督府在台北展開了各項展覽會。
4. 台灣通信社成立，由橫山虎擔任社長，並發行《台灣通信》。

讀報天氣：雷陣雨

被遺忘指數：●●●●○

鹿港詩人洪棄生的辮子，終於被剪了

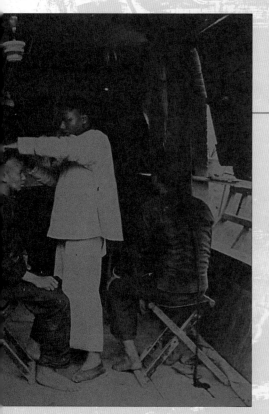

【本報訊】歷經2個多月躲藏、惶恐的日子，鹿港詩人洪棄生終於被警察逮到，強行剪去他頂上的辮子。

日人治台初期，把台灣民眾纏腳、蓄辮、吸食鴉片視作3大陋習，極想去之而後快。然而鑒於風俗習慣改變不易，所以並無積極取締。4年前(1911年)，中國大陸發生辛亥革命，中國新政府通令斷髮，台灣受到這股風氣的影響，社會中各階層人士也開始剪去長辮，部分地方人士出現了組織性的斷髮運動。日本統治者眼見時機成熟，於是乘勢利用，明文規定禁止蓄辮與纏足。

雖然斷髮已成風氣，但還是有少部分人不願剪去長辮，鹿港詩人洪棄生就是其中之一位。留著清朝辮子的他，經常身穿寬博長

褂逛大街，莫怪日人會將他視作眼中釘、頑民中的頑民。

今年4月15日，總督府通令各廳長將禁止纏足、辮髮等事項附加在保甲制度中，並規定6月15日是最後期限。懾於日警的嚴峻，大部分老百姓都剪了一頭短髮，穿了流行的窄袖短衣，如果不剪髮，路上也有「臨檢」的警察隨時待命。看到日警這種雷厲風行的行動，洪棄生氣憤之下寫了〈厲行斷髮散足事感詠〉的詩；而對於自己頂上的辮子可能隨時不保，他也做了一首〈逃剪髮感詠〉詩，記下自己惶恐不安的心情。

儘管洪棄生好幾個月避不出戶，日警還是不放過他。前幾天3、4個警察跑進他家中，不分青紅皂白按住他，一下子就把他的頭髮剪去。

其實，穿洋服與剪髮並不是日本人才有的服飾裝扮，但洪棄生實在太討厭日本人了，所以就用這種方式來消極抗日。

清代男女老少的服飾與髮型

▲ 束髮穿肚兜的孩童。

▲ 年輕婦女的服飾與髮型。

▲ 蓄著長辮且手持水煙袋的台灣男子。

▲ 頭上簪花梳髻的台灣老婦人。

▲ 任職於新竹公學校的黃旺成（坐者），按文官服規定，必須剪去髮辮，照片為他1911年末任職前蓄辮著漢服的留影。

▲ 同左，1913年黃旺成剪去髮辮後穿著文官服留影。

洪棄生年表

1866.11.11~1928.2.9

1866
11月11日生於彰化鹿港。

1889
24歲時考上秀才。

1894
第4次到大陸參加鄉試，不幸落榜。

1895
台灣割日。

1919以後
時常在《台灣文藝叢誌》、《台灣詩薈》
發表文章。
寫了多篇詩文，為台灣留下珍貴資料。

1927
長子洪棪材虧空公款，潛逃到大陸，他因是擔
保人被捕入獄。

1928
變賣土地償還公款，出獄不久後病死，
享年63歲。

【延伸閱讀】
⇨ 程玉凰，《洪棄生傳》，1998，台灣省文獻委員會。
⇨ 程玉凰，《洪棄生及其作品考述：嶙峋志節一書生》，
1997，國史館。

諸葛亮有招空城計，
諸葛春就來耍口技！

1　嚇得褲子都尿濕了

2　起立鼓掌，叫他再說一次

3　瞌睡蟲跑掉了

4　手拉著手，一起跳土風舞

3^A 瞌睡蟲跑掉了

海南才子林幼春肖像。

畫家李石樵為林幼春所畫
的肖像。

1920年代，台灣民族運動、政治運動蓬勃發展，40多歲的林幼春也投身在這些運動中。
足智多謀的他，更成為重要的決策人物，人稱「小諸葛」。
1923年，林幼春與一些台灣知識分子結社成立「台灣議會期成同盟會」，以追求政治改革。
結果，總督府竟以「違反治安警察法」的罪名將他們逮捕。次年，法院審判時，由於法庭很熱，
聽眾昏昏欲睡。但是當審判長審問林幼春成立「新台灣聯盟」的目的何在時，他竟然直接回答：
「為了批評總督的施政方針！」。這一席大膽的言論可教大家睡意全消，統統醒了過來。

反對運動的小諸葛——
林幼春
1880.1.29~1939.8.24

林幼春，和連橫、胡南溟並稱日治時代台灣三大詩人，他同時也是「非武裝抗日」運動的先驅。1880年1月29日，他出生在福建福州，家族正是中部望族「霧峰林家」。另一位

被稱為「小諸葛」的林幼春（左）曾因治警事件入獄3個月。

治時代反對運動領導者林獻堂正是他的堂叔，不過，論年紀他還比林獻堂大一歲。

1882年時，林幼春，跟隨雙親返回台灣。家裡安排他接受四書五經的漢學教育，並曾師事著名文士梁子嘉，因此少年時就以詩藝聞名。台灣割日後，林幼春曾經跟著叔父林癡仙（林朝崧，也是位名詩人）到中國大陸，不久又因清廷腐敗而回到台灣。然而，日本政府對台灣人民的欺壓也同樣讓林幼春心中十分不滿，促使他在19歲那年，寫詩歌詠「台灣民主國」多位抗日名將，文名因而大噪。

1902年，叔父林癡仙為了保存民族文化，與林幼春、蔡惠如等人創立「櫟社」，以詩會友，成為日治時代台灣最著名的詩社之一。1911年，中國著名的文人梁啓超應林家之邀來台遊訪，下榻霧峰林家。其間林幼春與他多次以詩文唱和，梁氏見他作品不凡，驚嘆之餘，稱讚他為「海南才子」。

足智多謀的林幼春，是林獻堂從事反對運動時的重要決策諮詢對象，人稱「小諸葛」。1922年，林獻堂與蔡惠如等人組成「台灣議會期成同盟會」，進行台灣議會請願運動，以非武裝方式與日人周旋，爭取更多的政治發言權。林幼春被推舉擔任專務理事。翌年底，日本當局發動全島性大搜捕，即「治警事件」，林幼春自然也在日方的逮捕名單中。

在第一審第6次開庭中，這位「海南才子」以鏗鏘有力的辯詞，對檢察官的告訴——抗日事件證明了台灣人民是好反抗政府的，台灣人民的民族性是反抗的民族

櫟社詩會合影。前排右1林仲衡，右2林癡仙，右4傅錫祺，右5林幼春，後排右1張升三，右3莊太岳。

——提出反駁。林幼春說，凡是一個民族與另一個民族初次接觸，容易發生誤

會，賢明的政府若了解這個現象就會沒事，所以不能以此證明民族性的好反抗，「反抗」毋寧是證明政府的失敗。

林幼春接著反駁：「生番（按：原住民）居住在山上，文化協會不曾到那裡煽動，然而他們的武力反抗至今已有30多年，那麼生番的反抗也是文協所煽動？……學生和校長或警官的衝突，在日本內地是常有的事，這豈是台灣的文協去煽動的？以我所見，這是時代自覺的進步，是對舊有保守一種反抗的新現象而已。」

1925年，林幼春被判處入獄監禁3個月。出獄後，先後擔任《台灣民報》首任社長、「台灣民眾黨」顧問，對於政治的熱情，絲毫未減。

1930年代後，日本當局對台採取高壓手段，台灣民族運動日漸沒落，林幼春的生活趨於平靜，平時以詩棋自娛，1939年8月24日病逝霧峰，享年60歲。

1927年7月9日，蔣渭水（左1）於霧峰林家與同志合影。林幼春站於右2。

台灣

發行人：王阿舍　發行所：遠流舊聞社

舊聞提要
1. 由霧峰望族林癡仙、林幼春倡議的詩社櫟社成立。
2. 台北火車站設立公用自動電話。

▲ 1910年櫟社成員於台中公園物產陳列館前合影，林獻堂於此年加入，櫟社成為有民族色彩的文人結社。

▲ 為1910年櫟社成員合照之說明，可見當時著名文人聚於一堂。

3.杉房之助編撰完成《日台會話大全》。
4.南庄原住民100多人發動襲擊，日軍警
進行討伐行動。

讀報天氣：微雨
被遺忘指數：●●●●○

詠物、詠史、詠時事
林癡仙與林幼春創櫟社

【本報訊】1902年6月27日，日本治台第7
年，霧峰林家傳人林癡仙、林幼春創立詩社
——櫟社。一開始，櫟社只是文人在春秋佳
日吟詩作對的集會，後來發展成台灣最具規
模的詩社；同時，由於櫟社成員中有人參與
民族運動，也提昇了櫟社的地位。

　　清朝時的科舉制度，給予台灣文人光宗
耀祖，提升社經地位的機會。1895年，台灣
割日後，許多文人雅士遷居中國大陸，而留
在台灣的，唯有藉由詩社的集會來弔古傷
今。日本政府為了便於統治台灣人，以懷柔
手段借力使力，便提倡漢詩，還舉辦「饗老
典」、「揚文會」等活動，籠絡台灣人，因
此，台灣詩社反而有增無減，漢詩比清朝還

▲ 1920年9月27日，櫟社成員於謹園集會，會中決定次年刊印社員詩集、立紀念碑於
萊園，碑上文字由林幼春撰寫。前排左4為林幼春，左5林獻堂。

▲ 1921年，櫟社20週年時，出版櫟社同仁詩集《櫟社第一集》的封面。

▲ 1931年，櫟社30週年的紀念詩鐘銘。

▲ 1935年4月22日，櫟社成員於景薰樓前合影。左起為林獻堂、莊太岳、王了庵、張玉書、傅錫祺、林仲衡、張棟梁、林幼春。

流行於台灣社會，甚至很多總督也作得一手好漢詩。

1919到1937年間，台灣漢詩詩社達到高峰期，光是1936年，全台的詩社就有180多個，最著名的包括櫟社、瀛社和南社。各地的詩社時常舉辦聯吟詩會，甚致召開「全島詩人大會」，吟風興盛，盛況空前。

當時，櫟社的詩會有三種：大會、小集與月課。所謂月課就是按月規定詩題，不限古體、近體，自由創作。大會、小集就是進行「擊缽吟」與做「詩鐘」。所謂「擊缽吟」就是比賽作詩，文人鬥智比才。

在櫟社所有的詩題中，以「詠物」的詩作最多，詠史、詠時事的詩作僅佔一成多，不過，在「詠物」中也可見到以「物」指射「時事」的詩，這大概也算是詩人一種曲折隱晦的抒懷吧！

▲ 1914年，著名詩社「南社」社員相約「秀裝」聚會情景。

林幼春年表
1880~1939

1880
1月29日生於福建福州。

1882
隨雙親返回台灣。

1895
隨叔父林癡仙（朝崧）至泉州，不久後返台。

1902
與林癡仙等人創立「櫟社」。

1911
與來台遊訪的梁啓超多次唱和，梁氏譽他為「海南才子」。

1923
被推舉擔任「台灣議會期成同盟會」專務理事。
12月16日因違反「治安警察法」罪名被捕。

1925
3月2日入獄監禁3個月。
出獄之後擔任《台灣民報》首任社長。

1927
年底擔任「台灣民眾黨」顧問。

1930
曾任阿罩霧區長、霧峰信用組合長。

1939
8月24日病逝霧峰，享年60歲。

【 延伸閱讀 】
⇨ 莊筱峰，〈「海南才子」、「小諸葛」——林幼春〉，《臺灣近代名人誌 》四，1987，自立報系。
⇨ 莊永明，《島國顯影》第二輯，1995，創意力文化。

別鬧了，檢察官先生！

1 鬧洞房比較好玩，
幹嘛鬧台獨？

「鬧台獨」？
這是哪個廠牌鬧鐘？ 2

3 別鬧了，
三好檢察官

破菜刀也能
鬧台獨？ 4

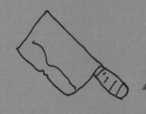

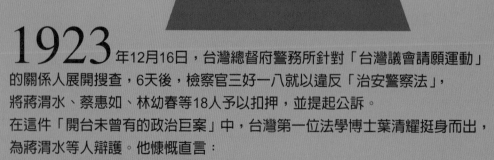

4A 破菜刀也能鬧台獨？

1923 年12月16日，台灣總督府警務所針對「台灣議會請願運動」
的關係人展開搜查，6天後，檢察官三好一八就以違反「治安警察法」，
將蔣渭水、蔡惠如、林幼春等18人予以扣押，並提起公訴。
在這件「開台未曾有的政治巨案」中，台灣第一位法學博士葉清耀挺身而出，
為蔣渭水等人辯護。他慷慨直言：
「……他們未曾破壞社會組織，或做過顛覆政府的行為，被告只不過是依憲法的
請願權，行使請願而已。又說被告等企圖獨立，這更是妄斷，台灣沒有獨立的經濟，
也沒有武器，只有炊事房的破菜刀而已，也沒有外國的援助，怎麼會獨立？」

依法論法的
台灣第一位法學博士——
葉清耀
1880~1942

台灣第一位法學博士葉清耀。

台灣第一位法學博士葉清耀，於1880年出生在台中東勢。父親早逝，他為了分擔母親的工作，輟學當製作樟腦工人。學校老師看他天資聰穎，遊說他哥哥務必讓他上學，於是葉清耀才又回到學校，繼續他的求學生活。

台中師範學校畢業後，葉清耀曾擔任過公學校老師、法院書記。鑑於自己學歷不夠，難以出人頭地，他於是辭去工作，到日本深造。後來葉清耀考入明治大學法科。為了籌措讀書及生活費用，他在日本到處收購豬肉的肥油部分，熬成豬油後寄回台灣銷售。就這樣歷經數年，葉清耀終於1917年完成學業。

畢業後，葉清耀決定挑戰日本司法科的高等考試，不過當時的司法科試務所不准台灣人報考，為此，葉清耀求見日本的司法大臣，遞上請願書，向大臣訴請考試制度的不公，並表明報考的決心。最後，葉清耀終於為台灣人爭取到參與司法科高等考試的資格。1918年，他通過司法科高等考試，正式取得「辯護士」(律師)資格。

1921年，葉清耀回台執業，兩年後接下「開台未曾有的政治巨案」——治警事件的辯護工作，為蔣渭水、林幼春等人辯護。這個案件在1924年一審時判決全部被告無罪。雖然二審時更改判決，並有蔣渭水、蔡培火等13人分別被判刑4或3個月，

治警事件中，葉清耀是唯一一位台籍辯護律師。

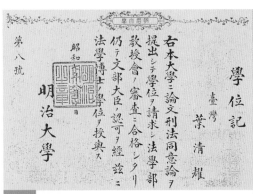

葉清輝的博士學位證書。

或罰金100圓不等，不過自此，葉清輝依法論法、正直善辯的大名不脛而走，許多人不遠千里慕名前來，希望他能幫忙平反冤案。

1930年7月，「台灣地方自治聯盟」成立，葉清輝被推舉爲理事，積極向日本爭取台灣地方自治制度；1932年，他以「刑法同意論」論文，獲得明治大學法學部審查合格，成爲台灣第一位法學博士。

1933年，有鑒於朝鮮和台灣同屬殖民地，卻比台灣更先施行地方自治制度，葉清輝與楊肇嘉決定赴韓考察。由於日夜趕路，加上考察的地點繁多，葉清輝竟在新義州突發腦溢血，病況十分危急。

儘管後來葉清輝被送回台灣療養，病情曾一度穩定下來，但由於當時太平洋戰爭的戰事已起，在缺乏營養與醫療的情況下，葉清輝終在1942年逝世，享年62歲。

▲台灣民報上對治警事件的審判結果的大篇幅報導。本圖為一審公判。

歷史報

1924年8月18日 穿越時空 獨漏舊聞

台，展開全島巡迴演講。
3. 台灣文化協會在霧峰林家的萊園舉辦夏季講習會，參加者64人。
4. 治警事件判決，18名被告宣判無罪，檢察官三好一八不服將提起上訴。

讀報天氣：多雲轉晴
被遺忘指數：●●●○

治警事件18名被告宣判無罪
檢察官不服將上訴

【本報訊】涉嫌違反「治安警察法」的蔣渭水等18人，在葉清耀等8名台、日律師的據理力爭之下，終以起訴證據不充分，宣判被告全部無罪。檢察官三好一八對這項判決不服，將提起上訴。

1923年初日本政府頒佈「治安警察法」，到了12月16日，台灣總督府就以「台灣議會期成同盟會」有違反該法的嫌疑，對該會的核心分子進行逮捕，並傳訊與調查各地會員，這就是「治警事件」。當天，有41人被扣押，11人被傳訊與搜查……共計有99人被捲入事件中。

次年3月1日，負責偵辦此案的檢察官三好一八就以違反「治安警察法」第8條第2項，將蔡培火、蔣渭水、林幼春等18人，以政治結社嫌疑予以扣押，並提起公訴。三好

▲ 日治時期的複審法院。

▲ 日治時期台北地方法院外觀。

葉清耀 35

一八表示：「台灣議會請
願是危險思想，而且會擾
亂社會安寧」、「台灣人
在叫囂民族自決、民族解
放，發動民眾運動以要求
權利之前，應先慎重考慮
自己的立場。」

被告律師葉清耀則反
辯說，被告們並未破壞社
會組織，他們只是依照憲
法的請願權，行使請願而
已；如果政府要禁止請願
性質的結社，就是剝奪人
民的請願權。

從7月25日到8月7
日，這場歷時兩週、開庭
9次的審判，被告、律師與檢查單位展開前所
未有的激烈答辯；每次開庭，場外都擠滿了
關心此案的民眾。最後，裁判長堀田真猿宣
判，檢察官起訴證據不足，被告18人全部無
罪。

退庭後，蔣渭水等人即
刻被民眾包圍，大家齊聲
高呼恭喜；而負責偵辦
此案的三好檢察官則向
媒體表示，不服判決、
決定上訴。

▲ 治警事件二審終結，被告與辯護律師合影。前排右2為葉清耀，餘為日籍律師。

▲ 日治時期台南地方法院外觀。

THE TAIWAN MINPAO

臺灣民報

特別號題目

台灣議會期成同盟會
治安警察法違反嫌疑事件
第二審公判號
△台灣議會期成同盟△嫌疑人及辯護人△被告人查悅△

要求參政權的問題

▲台灣民報上對治警事件的審判結
果的大篇幅報導。本圖為二審公
判。

葉清耀年表
1880~1942

1880
出生於台中東勢。

1890~1917
東勢公學校畢業後,因家貧曾當過製作樟腦工人。

考上台中師範學校,並在兄長陳葉烈資助下完成課業。

師範學校畢業後,分發至埧雅公學校擔任訓導(教師)。

轉任台中地方法院書記、通譯。

考上日本明治大學法科,半工半讀完成學業。

1918
向日本司法大臣請願,爭取台灣人報考司法科高等考試的資格。

通過司法科高等考試,正式取得辯護士(律師)資格。

1921
回台執業。

1924
擔任「治警事件」的辯護工作,為蔣渭水等人辯護。

1930
被推舉為「台灣地方自治聯盟」理事。

1932
以「刑法同意論」論文,獲得明治大學法學部審查合格,成為台灣第一位法學博士。

1933
葉清耀與楊肇嘉赴韓考察,途中突發腦溢血,送回台灣療養。

1942
逝世。

【延伸閱讀】
⇨ 莊永明,《台灣第一位法學博士──葉清耀》,《台灣近代名人誌》二,1987,自立報系。
⇨ 莊永明,《台灣第一》,1995,時報出版。

台灣，叫我第一名！

Q 林獻堂為什麼會被稱作「台灣第一公民」?

1 每逢選舉，必定第一個去投票

2 公民考試都拿第一

3 愛吃香蕉的程度，台灣第一

4 爭取民權台灣第一

4^A 爭取民權
台灣第一

1925年前後林獻堂留影。

1954年8月23日林獻堂於日本清井澤騎馬。

林獻堂，是霧峰林家的傳人。父親林文欽是清末的舉人，在父親的影響下，
林獻堂有著傳統中國讀書人對家國的使命感。台灣割日後，林獻堂逐漸接觸到梁啓超的
維新思想，使得他更體認到投入社會公務的重要。1907年，林獻堂在日本偶遇梁啓超，
雖然語言不通，僅能筆談，但梁啓超一句「本是同根，今成異國，滄桑之感，
諒有同情……」，深深觸動林獻堂的心。梁啓超同時建議林獻堂最好效法愛爾蘭人抗英的
方式，來與日人周旋——放棄流血暴動，與日人朝野兩方結交，以獲得島內的參政權。
自此，為台灣人爭民權、非武力抗日的行動，便成為林獻堂終其一生的奮鬥目標，
而外國史學家也因此稱他「台灣第一公民」。

人物小傳

合法爭取民權的政治家——
林獻堂
1881.11.1~1956.9.8

1911年，林獻堂（前排左2）邀梁啓超（前台左5）來台訪遊，與「櫟社」詩友合影於台中公園物產陳列館前。

　　林獻堂，1881年11月1日出生於霧峰林家，父親林文欽是清末舉人。1895年，馬關條約將台灣割讓與日本，當時15歲的林獻堂奉了祖母之令，帶領全家40多人渡海到泉州避難，顛沛流離的困境讓他從優渥的環境中驚醒。他目睹台灣同胞在日人統治下的苦痛，民族意識漸漸萌生。

　　林家是望族，在霧峰地方上的勢力自然備受日人注目，林獻堂也開始調整自己，學習去面對複雜的政治環境；1902年，22歲的他開始擔任霧峰區長，1905年，又被邀請擔任台灣製麻株式會社董事……。在種種歷練下，這位「阿罩霧三少爺」，逐漸成為家族代言人。

　　儘管日人處處拉攏，但林獻堂總是小心虛應。1907年，林獻堂在日本巧遇梁啓超，梁啓超建議林獻堂採取不流血的民族運動，此後「合法爭取民權」便成為他一生從事政治運動的原則。1910年，林獻堂加入成員皆社會菁英的詩社「櫟社」，以尋

求志同道合的朋友；1912年，他為了爭取台灣人的教育權利，與堂兄林烈堂發起了台中中學創立運動，並於1914年聯合霧峰林家、板橋林家、辜顯榮等200多位仕紳共同捐資，成立了第1所專收台籍子第的中學。隨後，林獻堂開始與在日本東京的台籍留學生密切往來，並資助蔡培火等人赴日求學。他與清水望族的蔡惠如都是當時台灣留日學生的精神導師。

　　為了爭取台灣人享有與日本人一樣的權利，一開始，林獻堂先是與板垣退助創立「同化會」，無奈同化會只維持了34天就被取締。接著他把力量放在廢除「六三法」上；後來，他接受林呈祿的建議，改採「台灣議會設置請願運動」。這項歷時14年（1921～1934）、15次的政治請願運動，林獻堂投入了大量的物力與精力。當時依據日本國會規定，人民有請願的權

1934年林獻堂（前排左2）於羅安（後排右3）家中觀菊。

1941年林獻堂60大壽留影。

利，而當人民向貴、眾議院提出請願時，兩院至少要有一位議員擔任請願的介紹議員。林獻堂為了結識議員，常常清晨六、七點就出門，有時顧不得自己還沒吃早餐，就直往日本政治要人的家中拜訪，以便確保能見到請託的議員，即使嚴冷的冬天也是如此。其間，他屢遭日人擠壓，也曾因自己擁有龐大家產而被譏為「收租派社會主義者」，但林獻堂仍鍥而不捨；「台灣議會設置請願運動」成為他一生中最重要的事蹟。

戰後，林獻堂曾先後擔任過第1屆台灣省參議員、台灣省通志館館長，但在國民政府執政下，他依然是執政者的眼中釘。1946年，台灣行政長官公署以逮捕「台省漢奸」的名義，濫捕台灣士紳十多人，林獻堂赫然名列黑名單中。後來幸虧有力人士出面幫忙，才免去牢獄之災。隔年，台灣發生228事件。在對政局極端失望下，1949年這位「一生不說日語，不著和服」的「台灣第一公民」竟然赴日定居。1956年9月8日，抑鬱的林獻堂病死於東京。一直到死前，他都未曾再回到台灣。

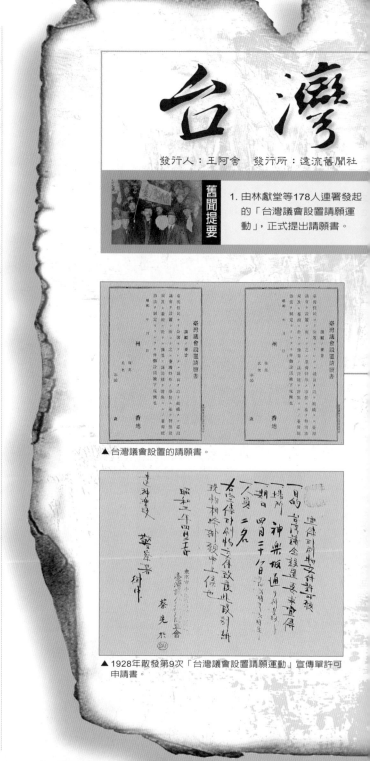

台灣

發行人：王阿舍　發行所：遠流舊聞社

舊聞提要

1. 由林獻堂等178人連署發起的「台灣議會設置請願運動」，正式提出請願書。

▲ 台灣議會設置的請願書。

▲ 1928年散發第9次「台灣議會設置請願運動」宣傳單許可申請書。

歷 史 報

2. 台灣礦礦株式會社創立。
3. 日本政府廢止「清國人台灣上陸條例」。
4. 明治製糖會社農場展開燒除甘蔗黑死病的行動。

讀報天氣：晴朗
被遺忘指數：●●●

日治時期最大規模政治運動
台灣議會設置請願運動起跑

【本報訊】1921年1月30日，林獻堂帶著178人連署的＜台灣議會設置請願書＞，向日本帝國議會兩院提出請願要求，台灣議會設置運動自此展開其長達14年的請願活動。

　　台灣割日後，日本國會了解台灣與日本的語言、文化、風俗習慣不同，因此在1896年，特別通過第63號法律，將議會立法權交付給台灣總督，這就是六三法。由於台灣總督能依據六三法，不必經由議會就可以訂立法令，因此，六三法衍生出不少惡法，像是隨便即可將人以「匪徒」罪名逮捕的「匪徒刑罰令」，以及一人犯罪株連鄰里的「保甲法」，都是依據六三法而來。

　　為了爭取台灣人擁有與日本人同樣的民

▲ 1926年「台灣議會設置請願團」於新竹火車站出發前的團體照，照片上並加有標語。

▲ 議會請願團於日本合影,中為林獻堂,旁立者為葉榮鐘。

願。請願運動集結了當時台灣知識分子的力量,大家除了希望能達到直接目標外,還寄望藉由運動喚醒沉默的台灣人、甚至日本人,一齊來關心台灣問題。

然而,日本當局對這項請願運動卻始終抱持懷疑、不信任的敵意。不論請願運動人如何說,總督府始終把「台灣議會設置請願運動」視為民族運動與反抗運動。1923年,在第三次請願後,總督府發動「治警事件」大規模搜捕運動人士;1930年代期間,日本右翼勢力抬頭、要求強化對台灣統治,請願運動最後終告結束。

嚴格說來,台灣議會設置運動的實質目標(為台灣設立議會)並未成功;但在台灣人民追求民主自由的過程中,有其重要的歷史意義。「台灣議會設置運動」堪稱是台灣日治時期規模最大、歷時最久的政治運動。

權,林獻堂最早相當努力於廢除六三法,目的就是要把台灣放在與日本相同的法制之下,讓台灣人民享有與日本人相同的權利、義務。不過後來他接納林呈祿的建議──六三法雖有其惡,但它也同時承認了台灣的特殊性,因此,在確立台灣地位特殊前提下,於台灣設立特殊的代議機關,這便是台灣議會設置請願運動的開始(六三法後來屢經修改,甚至名稱也不一樣。此處以廣義的「六三法」泛稱日本治台的根本大法)。

台灣議會設置運動從1921年開始,一直到1934年結束,漫長的14年間,林獻堂與其他民族運動者一共向日本國會提出15次的請

▲ 議會請願運動團於日本東京,受到台灣同鄉歡迎。

林獻堂年表
1881.11.1~1956.9.8

1881
11月1日生於霧峰林家，父親林文欽是清末舉人。

1902
22歲，擔任霧峰區長。

1905
受邀擔任台灣製麻株式會社董事。

1907
旅日，結識梁啓超。

1910
加入詩社「櫟社」。

1912
發起台中學校創立運動，爭取台灣人的教育權利。

1920
赴日，結合台灣留學生成立「新民會」，並擔任會長。

1921
被推舉為「台灣議會設置請願運動」的領袖，此項運動歷時14年。
10月文化協會成立，擔任文協總理。

1923
擔任《台灣民報》社長。

1926
擔任「大東信託株式會社」社長。

1927
文協分裂，出國赴歐美遊歷，之後在《台灣民報》上連載＜環球遊記＞系列文章。

1930
擔任「台灣地方自治聯盟」顧問。

1936
發生「祖國事件」，之後赴日避難，往返台日間3年。

1944
被派任為「皇民奉公會」台中支部大屯郡事務長。

1945
被任命為貴族院敕選議員。

1946
名列台灣省長官公署「台省漢奸」黑名單，幸得友人相助，免去牢獄之災。
5月當選第1屆台灣省參議員。

1947
爆發228事件。對政局失望。
5月台灣省長官公署改為省政府，獲聘為省府委員。

1948
6月台灣省通誌館成立，被任命為館長。

1949
9月以養病為名，赴日。

1956
9月8日逝世於東京。

【延伸閱讀】
- 林獻堂先生紀念文集編纂委員會，《林獻堂先生紀念文集》，1974文海。
- 戴寶村，＜仕紳型政治運動領導者＞，《臺灣近代名人誌》四，1987，自立晚報。
- 許雪姬編著，《霧峰林家相關人物訪談錄》，1998，台中縣立文化中心。
- 賴志彰，《台灣霧峰林家留真集》，1999，自立報系。
- 莊永明，《島國顯影》第一輯，1993，創意力文化。
- 莊永明，《台灣紀事》，1989，時報出版。

新民會，就是——
新黨和民進黨偷偷去約會？

日治時期，留學東京的蔡惠如組織「新民會」
是為了爭取什麼權利？

1 成立政黨

2 設置議會

3 上廁所唱台灣民謠

4 在日本天皇
肖像上畫鬍子

2 ^A 設置議會

蔡惠如出身台中清水望族。1920年，他在東京留學，促成了「新民會」的誕生，並大力推動「台灣議會設置請願運動」，要求日本政府讓台灣人民有參與政治的空間。運動的推展需要文宣，因此「新民會」決定創辦《台灣青年》刊物，以傳播理念。但會裡缺錢，儘管蔡惠如自己的經濟狀況也不好，他還是自掏腰包，想辦法籌錢來辦雜誌。「台灣議會設置請願運動」最後導致了日本殖民政府的反制，蔡惠如等人也因此而入獄（即治警事件）。但它卻激起了台灣民眾普遍的自決意識，影響不可不謂深遠。

豪爽熱情的
民族運動鋪路人——
蔡惠如
1881〜1929.5.24

蔡惠如肖像。

有「台灣民族運動鋪路人」之稱的蔡惠如，號鐵生，1881年出生於台中清水，是望族之後。日本治台後，蔡家成為被籠絡的對象，因此蔡惠如的父親和他自己都曾擔任過區長，成為地方上頗具聲望的領袖。

但到了1914年，蔡惠如對日人的統治漸生不滿，於是選擇變賣祖產，將事業重心轉移中國大陸，並帶著兒子到日本東京，開始與東京的台灣留學生接觸交往。蔡惠如為人爽朗熱情，十分講義氣，因此深受年輕留學生的歡迎。蔡惠如與當時也在日本的林獻堂兩人，漸漸成為留學生的領導者。

1926年蔡惠如（前排中）和朋友合影。後排右1為楊肇嘉。

感於學生們的民族自決意識日漸高昂，蔡惠如先後成立了「聲應會」與「啓發會」，希望藉由結社的力量集結民心，然而與會人數不多，再加上經費短缺，最後都無法維持。不過，蔡惠如仍再接再厲，於1920年在東京成立「新民會」，作為台灣民族運動指導機關。起初蔡惠如被推為「新民會」會長，但他認為林獻堂比他更適合這個職位，於是力辭不就，只答應在林獻堂離日期間暫代會長。

隨後，新民會開始積極推展「台灣議會設置請願運動」，並籌辦《台灣青年》雜誌，作為推廣運動的文宣。當時，蔡惠如

1914年，蔡惠如變賣祖產，將事業重心移到中國大陸，並帶兒子到日本居住。

在中國大陸的生意已失敗，生活捉襟見肘，但他仍執意在赴大陸前捐出1500圓（等值於30000台斤米），交付林呈祿，囑咐他一定要讓《台灣青年》創刊。到了中國大陸後，蔡惠如也不停拜訪北平、上海等地的台灣同鄉，籌組一些青年團體，加強與中國大陸台胞的交流。

1929年5月26日《台灣民報》對蔡惠如的逝世報導，包括連雅堂、林獻堂、蔡培火、蔣渭水、林呈祿等人都撰文紀念。

1924年，「治警事件」判決後，蔡惠如被監禁3個月；入獄當天，他從清水火車站出發到台中監獄，沿途清水、梧棲、沙鹿的民眾，紛紛趕到車站為他送行。受到鄉親愛戴的蔡惠如，看到這景象，還特別寫了一闋獄中詞《意難忘》。

出獄後，蔡惠如在一次文協舉辦的活動前夕，由人力車上跌落，摔斷大腿。此時的蔡惠如家道中落，貧苦之餘又患中風，境遇每下愈況，終在1929年5月24日病逝於台北，死時僅49歲。

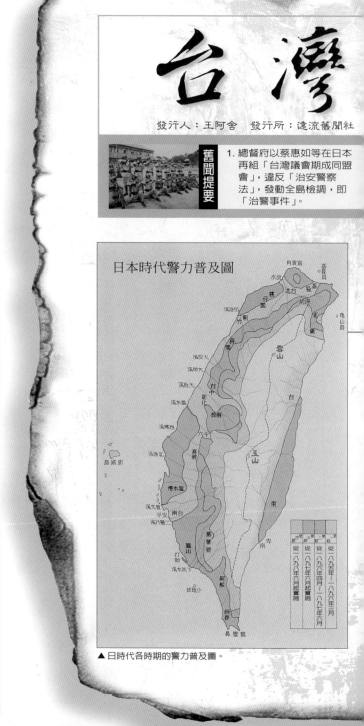

台灣

發行人：王阿舍　發行所：遠流舊聞社

舊聞提要

1. 總督府以蔡惠如等在日本再組「台灣議會期成同盟會」，違反「治安警察法」，發動全島檢調，即「治警事件」。

日本時代警力普及圖

▲日時代各時期的警力普及圖。

歷史報

1924年1月31日 穿越時空 獨漏舊聞

2. 總督府開始實施「刑事訴訟法」。
3. 因編輯被捕，《台灣民報》停刊，直到2月11日復刊。
4. 第四次「議會請願運動」展開。

讀報天氣：雨後轉晴
被遺忘指數：●●●○

▲ 治警事件二審終結，被告與辯護律師合影。第2排（左3）為蔡惠如。

▲ 治警事件時期的台灣總督內田嘉吉。

治安警察法＝尚方寶劍？
總督府全島大搜捕

【本報訊】以違反「治安警察法」中禁止政治結社規定為名義，高等警察在1923年12月16日展開全島祕密檢舉，並扣押、搜查「台灣議會期成同盟會」成員──蔣渭水、蔡惠如等人，這就是轟動一時的「治警事件」。

日本治台時期，警察成為總督府有效貫徹命令、統治台民的工具；1923年，日本政府頒佈了「治安警察法」，台灣總督府便依據此法，加強對台灣人民的政治箝制。每當文化協會舉辦通俗講習會或講演會時，高等警察就會利用「臨監警察官」的身分，干預會議的進行。只要會議上一出現警察認為不適當的字眼，就會加以取締，甚至中止會議的進行。

其實，按照「治安警察法」的規定，台灣人民還是可以組織結社，但台灣總督府卻

刻意地阻撓與差別看待：擁有相同目標的類似組織，在日本國內與台灣，就有兩種不同的待遇。1923年，因為台灣議會請願運動而產生「治警事件」，便是其中一個例子。

1923年12月16日，台灣總督府警務局發動全島大搜查，扣押「台灣議會期成同盟會」的會員。除了拘捕有關人士外，總督府同時全面封鎖新聞及台灣對外通訊，並搜查民宅，弄得人心惶惶。蔡惠如這位「台灣議會期成同盟會」的專務理事，也被牽連逮捕入獄。

次年，蔡惠如、蔣渭水等人在一審中被判無罪；但到了二審時，18名被告有13人被判有罪，5人無罪；最後到了三審時，檢察長維持二審的原判。於是蔣渭水與蔡培火被判有期徒刑4個月，而蔡惠如、林幼春等人則被判3個月有期徒刑。

總督府原本是希望藉著圈禁這些運動領袖來終止請願運動，沒想到治警事件一審再審，卻使得請願運動聲名大噪，連日本律師也自願來台幫被告辯護，而且法庭上的辯論也讓請願運動的合法性得到確認，更讓台灣民族運動者的士氣與向心力大增，這大概是總督府始料所未及的事吧?!

▲ 日治時期警察的工作比現今警察執掌範圍寬，在山地等醫療不方便的地方，有時他們還得權充醫生為人看病。

▲ 日治時期的山地警察，當起老師教學童刷牙。

▲ 日治時期不同階級警察合影

▲ 警察接受訓練的情形。

蔡惠如年表
1881~1929.5.24

1881
出生於台中清水。

1914
受「同化會」被解散事件影響,萌生反日之
心。
變賣祖產,將事業轉移中國大陸,並攜子到東
京。

1919
先後成立了「聲應會」與「啟發會」。

1920
成立「新民會」於東京,積極推展要求設置台
灣議會的請願運動。
出資協辦《台灣青年》雜誌。

1923
「治警事件」發生,隨後兩年間歷經三審、蔡
惠如被判刑3個月入獄。

1924
7月2日參加無力者大會途中跌落人力車,折斷
大腿,此後家道一蹶不振。

1929
5月24日病逝於台北,得年49歲。

【延伸閱讀】

⇨ 詹素娟,《台灣民族運動的開路先鋒──蔡惠如》,《臺灣
    近代名人誌》四,1987,自立報系。

⇨ 白慈飄,《啟門人──蔡惠如》,1977,近代中國。

⇨ 陳煒欣,《日治時期臺灣「高等警察」之研究「1919~
    1945A.D.」》,1998,國立成功大學歷史學研究所碩士論文。

報告總督，貢丸米粉
也想參選新竹市長！

Q 1928年新竹律師蔡式穀曾經帶著3千多人的
連署書到總督府,為的是 **?**

請求新竹貢丸外銷日本

2
抗議新竹州長
上班老打瞌睡

3
新竹米粉滯銷,
商人血本無歸,請求救濟

讓台灣百姓
自選地方民代

4 ^A
讓台灣百姓自選地方民代

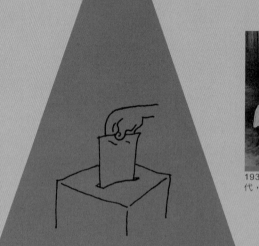

蔡式穀肖像。

1936年的全家福。中坐者為蔡式穀與夫人千代，另為5個女兒。

蔡式穀，是日治時期台灣重要的辯護士（律師）。他曾參加台灣文化協會，也曾因「治警事件」入獄。1928年，蔡式穀領銜向當時的總督川村竹治，提出一份3475人連署捺印的建議書。在這份建議書裡提到：英國、法國、美國都給予其殖民地印度、越南、菲律賓相當程度的尊重，創設自治機關，連朝鮮在1920年也開始有以民選議員組織而成的地方自治制度。
相較之下，同是日本殖民地的台灣，卻遲遲未見地方自治機構，州、市等協議員全是官派，如此一來，民意不能上通下達，因此希望總督能「改官派為民選、改諮詢為決議」，改革台灣的地方自治。

致力法律教育的律師——蔡式穀
1884~1951

蔡式穀,號春圃,1884年生於新竹,當時台灣是中國清朝的屬地,直到他12歲時台灣才割讓給日本,所以蔡式穀幼年先接受漢學教育,後來才改受日本教育。20歲時,他自總督府國語學校師範科畢業,就到新竹、桃園的公學校教書,1909年通過「乙種台灣公學校教諭」檢定考試,領到第一號證書。後來元配與獨子相繼過世,他別無牽掛,為了一圓求學夢,就到日本半工半讀。1913年,蔡式穀修完明治大學法科,隔年考進法科研究所,不久後再轉到中央大學深造。

到日本求學不久,蔡式穀便開始參與民族運動。他曾擔任過「台灣青年會」的會長,《台灣青年》創刊後,他是編輯之一,此

1912-1914年間,蔡式穀(後排右2)於日本明治大學進修,與同學合影。

外,他也參加「六三法」的廢除運動。

旅日期間,蔡式穀努力準備辯護士考試,但

蔡式穀為台灣人中第一位考取台灣公學校教員執照者,圖為其證書。

因日本人歧視台灣人,一直等到1923年他40歲時,才取得辯護士資格。同年,他出任了「台灣議會期成同盟會」的理事,也開始進行一般社會大眾的法律常識啟蒙教育——擔任文化協會的通俗法律

1927年二林事件第二回宣判後,辯護律師與被告合影。蔡式穀立於後排右2。

講習會講師、台北支部文化講座刑法大意的演講人。不過,更令人印象深刻的,還是他和家人在「治警事件」中所表現的風範。

1923年12月16日「治警事件」發生。蔡式穀因為參與台灣議會設置請願運動被扣押,拘禁在台北看守所內。原本,林獻堂準備了一筆保釋金,希望先將蔡式穀保釋出來,然後再商討營救其他被囚同志。不過這個決定立刻被蔡式穀續絃夫人金井千代拒絕。千代夫人表示她無法接受這種

作法，而蔡式穀也不會同意在其他同志都還未獲釋的情況下，單獨一人獲釋。後來，千代夫人還經常送飯菜給坐牢的同志，還幫他們清洗、補綴衣物。

1942年蔡式穀於台北放送局廣播。

治警事件後，蔡式穀不懼日人的脅迫仍繼續參與反對運動；1925年，彰化發生日警逮捕蔗農的「二林事件」，他義無反顧出面擔任蔗農的律師；1927年，台灣文協分裂，蔡式穀退出文協，加入台灣民眾黨，擔任黨顧問。1930年，蔡式穀提議另外組織團體，從事政治改革運動，因而促成「台灣地方自治聯盟」的誕生。

在台灣抗日民族運動中，蔡式穀與林獻堂、蔡培火等人的理念較為一致，因此當文化協會左傾，他選擇離開文協，參加蔣渭水的「台灣民眾黨」。後來，民眾黨漸與勞動團體接近，運動方式日漸激進，遠離當初建黨的初衷——落實台灣地方自治，蔡式穀又離開了民眾黨，加入以全民運動為號召的「台灣地方自治聯盟」。

1935年，蔡式穀以最高票當選第一屆台北市參議會議員。1946年成為台北市市政建設委員。5年後病逝，享年68歲。

台灣

發行人：王阿舍　發行所：遠流舊聞社

舊聞提要

1. 原住民能高棒球隊赴日遠征歸來。
2. 《台灣民報》從第60號起，改為週刊。

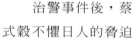

法曹界雜談

辯護士　蔡式穀氏談

一、豫審制度要改善

近來裁判官與檢察官對於勞動運動方面漸有相當的理解。然而因為向來豫審的期間過長，所以一般被告人一聞及檢察官欲將案件以現代之社會思潮必然的所發生之政治始速運動社會運動，沒有豫審豫察的時候，面色忽變之然，大起恐慌，幾乎談虎色變之為欲破壞現代的經濟組織和階級制度。而裁判官對這方面的解釋為不選的行為，或是看不決，此不外是現代的社會思潮使然的。

但是我曾聽說使人非難豫審件被拘留期間的過長，至結束大概要八月或是一年之久，往々比於受公判，被告被拖延的原因，這不消說是有種々的原因，或者因為事件的複雜，或者因為被拘留期間的過長，往々有比於所以若檢豫審判官人員有足的時候，要把豫審判官人數加，一方面要重被拘束的人格，不可勿輕率使豫審的人格，不可勿須率使。

二、親族相續兩法的施行

德督府當局已有欲在臺施行行親族法、相續法及戶籍法的意思，而就中在相續法及戶籍法，以當局幾那大官任意提出以主觀的顧慮立案，因為這樣的行法典，凡欲制定這種重大的法，少欲施行現代的時勢及臺灣固有之淳風美俗而議論之才是。決不可以當局幾那大官任意提出以主觀的顧慮立案，因為這樣的行法，是合乎臺灣人之社會生活是比昭火更明瞭了。

▲ 蔡式穀於1930年《台灣民報》上發表＜法曹界雜談＞。

3.2700名蕉農在員林召開大會，討論芭蕉的輸出問題，糾彈產業制度。

4.文化協會在霧峰萊園舉辦第2回「夏季學校」，為期2週，講師有蔡式穀、林幼春、蔡培火等。

讀報天氣：多雲有風
被遺忘指數：●●●●

▲ 1914年11月3日蔡式穀之明治大學高等研究科專攻法律證書。

文協「夏季學校」二度開講
蔡式穀以「憲法」打頭陣

【本報訊】1925年7月27日起，文化協會在霧峰林家萊園舉辦第2回「夏季學校」。在為期2週的課程裡，170名學生將聽到蔡式穀講解「憲法大意」、林幼春講「中國古代文明史」、蔡培火講述「科學概論」……等精采講座。

為了抵抗日本殖民政府的愚民政策，台灣許多知識分子齊心盡力，為普及平民教育、提高民眾知識水準而努力。例如連雅堂就擔任過「台灣通史講習會」的講師，蔣渭水、石煥長講演過通俗衛生，而日本明治大學法科高材生蔡式穀，則是負責法律常識教育。

著名的辯護士蔡式穀，大學時代專攻法律，畢業後一方面準備辯護士資格考試，一方面從事抗日運動。除了參與六三法撤廢運

▲ 蔡式穀（2排左1）於台灣辯護士協會（律師公會）成立時留影。

動、台灣議會設置請願運動外，他還選擇以教導平民法律智識，來進行文化啓蒙運動。

1923年，蔡式穀考取辯護士後回台，便開始進行通俗法律講習，這年9月，還擔任過「通俗法律講習會」的講師。雖然後來該會因日本警務局刻意阻撓（日警認為蔡式穀在講義中，充斥了對台灣總督施政的諷刺敘述），講習會被迫提前中止。不過2個月後，蔡式穀又出現在文協的「通俗學術講座」上，這次他除了講解刑法大意，還講述法律上的婚姻觀、台灣違警例等法律知識。

除了講演授課，蔡式穀在《台灣民報》上還闢了一個「法律界雜評」專欄，介紹法律常識、批評不合理的法律，甚受民眾歡迎。然而，殖民當局對此卻毫不留情，專欄時常遭到「開天窗」的處分，以一大段一大段空白的模樣與世人見面。

一連串的講座、研習以及報紙專欄，可以看出蔡式穀為了深耕台灣人法律素養而做的努力。

▲ 蔡式穀於1929年《台灣民報》撰寫之＜法律界雜評＞專欄，空白部分是被殖民當局「開天窗」處分。

蔡式穀氏合格

既報留京中之本島人賴雨若、蔡式穀、陳增全三氏之合格於辯護士筆記試驗。其後須再要一番口頭試驗。茲據蔡氏來電。口頭亦已首尾合格。其他賴陳二氏則尚未明。容後接信續登。蔡氏生平。非常苦學。當失立志之日。即大書「精神一到何事不成」之格言。榜諸座右。其所以多從事副業。以為糊口之資。未能專心一致。故遲至今日。終達其目的。真可為青年奮鬪之模範也。蔡氏一家。在新竹號稱新學々閣學校。其胞弟蔡江河君、從弟星穀君。亦皆畢業醫學校。其猶子火燦君。則畢業於國醫也。

▲ 1923年2月21日漢文《台灣日日新報》上刊登蔡式穀參加辯護士考試合格的報導。

▲ 台北辯護士會會員與高等法院司法官合影於台北高等法院前，蔡式穀立於2排左1。

蔡式穀年表
1884.4.28~1951.9.4

1884
4月28日生於新竹。

1903
自總督府國語學校師範科畢業。到新竹公學校教書任訓導。

1906
元配朱玉去世。次年獨子幼亡。

1909
取得全台第一號「乙種台灣公學校教諭」證書。

1912
3月底赴日唸書。
6月與繼室金井千代結婚。

1913
完成明治大學法科學業，隔年考進法科研究所，不久後再轉到中央大學深造。

1916
擔任高砂青年會（後改稱「台灣青年會」）會長。

1920
《台灣青年》創刊，擔任編輯。
參與六三法廢除運動。

1923
通過辯護士資格考試，擔任台灣議會期成同盟會理事。
4月由日返台。先後擔任文協講師、台北港町文化講座刑法大意的演講人。
12月16日發生「治警事件」，被扣押拘禁在台北看守所內。

1925
二林事件發生，擔任蔗農的律師。

1927
台灣文協分裂，退出文協，加入台灣民眾黨，擔任黨顧問。

1928
8月領銜遞交3475人連署的「實施完全地方自治建議書」。

1930
首倡組織完全地方自治運動團體。

1935
以最高票當選第1屆台北市協議會協議員。

1948
擔任台灣省通志館編纂。次年任台灣省文獻委員會編纂。

1951
9月4日病逝，享年68歲。

【延伸閱讀】
⇨ 蔡翼謀，《蔡式穀行跡錄》，1998，新竹市立文化中心。

生活部長？那是在創啥物？

Q 日治時期，台灣總督府為了收編當時的媒體人林呈祿，就強迫他去擔任什麼會的「生活部長」**?**

1 皇民碗公會

2 皇民諸公會

3 皇民奉公會

4 皇民阿公會

3 ^A 皇民奉公會

皇民奉公會

日治時期，台灣人的本土認同受到刻意的抹煞。總督府的各項政策，
有意要把台灣人變成聽話的「乖乖牌」。不過，有些台灣知識分子卻不願意當「順民」。
他們要求日本政府重視民意，並且倡導台灣人自決意識，因此讓日本政府很頭痛。
其中，辦過報刊、參與過「台灣議會設置請願運動」的林呈祿，便是日本政府相當「關注」的
一位。1941年，台灣總督府使出「懷柔手段」，給林呈祿官做，強要他就任「皇民奉公會」
的「生活部長」。林呈祿十分痛苦，不願意擔任，卻不得不當該部長。
沒多久，總督府又封給他另外一個官「總督府評議會評議員」。
評議員是一種虛銜，沒什麼實際權責，也是林呈祿長久以來一直批評的對象。
可是在總督府的壓力下，林呈祿竟得接受這樣的職位。

堅持爲民發聲的報人——
林呈祿
1886.6.27~1968.6.16

林呈祿，1886年6月27日出生於桃園。8歲時台灣割讓日本，而10歲時父親就爲了保釋鄉民與日方交涉而遭殺害。

一生致力於新聞、出版事業的林呈祿。

1905年，18歲的林呈祿考取總督府國語學校，畢業後，在銀行工作過，也當過公學校教員、地方法院雇員。1910年他榮登日本普通文官考試榜首，並在講習後擁有書記官資格。此時的林呈祿一心想爲中國效力。

1914年林呈祿辭去總督府書記官工作，到日本留學。他先是進入明治大學法律科就讀，同時並學習北京話。1917年他轉到北京，後來經過一番周折，又到達湖南省，擔任省立政治研究所教授兼省立統計講習所主任教員，工作是訓練各縣市長候補人。當時中國正處於軍閥對峙局面，林呈祿在深入了解局勢後，對中國不再寄望。1918年他返回東京，開始與林獻堂、蔡惠如往來，交換對台灣前途與「六三法」的看法。

1923年《台灣民報》創立，同仁於東京合影。左起爲蔣渭水、蔡培火、蔡式穀、陳逢源、林呈祿、黃朝琴、黃呈聰、蔡惠如。

1932年，原爲週報之《台灣新民報》終於獲准成爲日報，成員於報社前留影。前排右2爲林呈祿。

1920年林呈祿參與「新民會」與《台灣青年》雜誌的創設，擔任雜誌總編輯。1922年，《台灣青年》擴大改組爲《台灣》雜誌，林呈祿又被推爲總編輯。隔年，因爲單靠一份《台灣》雜誌不足以滿足各方需求，因而創設《台灣民報》，林呈祿擔任主筆，運用言論鼓吹台灣議會請願運動。這一年年底爆發「治警事件」，日本總督發動全島大搜查，起訴了「台灣議會期成同盟會」的成員。林呈祿卻因長期留在東京，成爲唯一未被逮捕的被告，但他自行回台，且入獄。

經過多年與日方的交涉，1927年，《台灣民報》終得在台灣發行，1929年該報

1920年新民會於東京成立，成員合影，2排左2爲林呈祿。

再改組爲《台灣新民報》，發行週刊，任董事兼編輯及印刷局長的林呈祿仍以言論提倡台灣民權意識。1932年，該報發行日刊，林呈祿任總

《台灣新民報》董事會主要成員合影（1932），後排左起爲林呈祿、楊肇嘉、蔡培火。前排左起爲林資彬、林柏壽、林獻堂、羅萬俥。

東方出版社首次董監事會紀念照。林呈祿、林獻堂、游彌堅（前排左2、3、4）比鄰而坐。

主筆兼總編輯。1941年該報因皇民奉公會成立，被迫改名爲《興南新聞》。1944年，總督府將台灣5份刊物合併爲《台灣新報》，結束了《台灣青年》以來諸刊物爲台灣人民喉舌的任務。

光復後，《台灣新報》改組爲《台灣新生報》，並隸屬於台灣省政府，由林呈祿擔任董事。1946年他選擇退出報業，參與創立「東方出版社」。1968年，林呈祿因心臟病逝世，享年83歲。

台灣

發行人：王阿舍　發行所：遠流舊聞社

舊聞提要

1. 總督府宣佈「台灣決戰非常措施」。
2. 總督府將台灣5份報紙合併爲《台灣新報》。

▲ 1922年《台灣青年》改名爲《台灣》雜誌，圖爲位於日本東京的台灣雜誌社。

歷 史 報

1944年4月4日　穿越時空　獨漏舊聞

3. 總督府公告戰時犯罪一律視為國內之敵人，將予以嚴懲。

4. 海軍志願兵舉行首次結業典禮。

讀報天氣：豪雨
被遺忘指數：●●●

▲ 1920年創刊的《台灣青年》主要幹部，林呈祿時任總編輯。

總督府併購《興南新聞》
台灣人的言論機關瓦解

【本報訊】918事變發生後，日本正式展開侵略中國的腳步，台灣總督府對台灣的管制也日趨緊縮；1944年，盟軍轟炸台灣，總督府在3月27日將台灣5份報紙合併為《台灣新報》，其中《興南新聞》也名列其中。

《興南新聞》的前身，就是《台灣青年》、《台灣民報》。1920年，來自台灣桃園的留日學生林呈祿，與蔡培火、蔡惠如等人在民族自覺的時代浪潮下，於東京創設「新民會」，並創辦新民會的宣傳雜誌──《台灣青年》。

起初，《台灣青年》受到日本政府的嚴格管制，只能在日本內地發行，後來經由學生介紹，開始在台灣當時最高學府，如醫學校、國語學校間偷偷流傳，而影響台灣的知識分子，當時就讀總督府國語學校的林秋梧便是其中之一。

▲ 台灣民報創刊號刊頭。

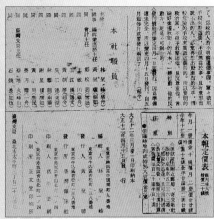

▲ 台灣民報創刊時的工作人員一覽表。

林呈祿 67

1922年，《台灣青年》改組為《台灣》半月刊雜誌，隔年又改為《台灣民報》，成為宣傳「文化協會」各項社會活動的媒體。《台灣民報》的發行，帶給日本當局莫大的壓力。總督府除了嚴格取締外，還曾任意塗改內容、禁止發行或扣留報紙，最高紀錄曾扣留報紙達半年之久。此外，由於日警的干擾，對讀者多加壓迫，「文化協會」只得在各地設立「讀報社」，讓不敢公然閱報的民眾閱讀。為了吸引訂戶，文化協會也舉辦數場講演會，辦報的艱辛可想而見。

1924年，《台灣民報》的編輯部從日本搬至台灣，但仍未能在台發行；1927年，文化協會分裂，左傾的新文協不再支持《台灣

民報》，報社總編輯林呈祿與同仁羅萬俥在惡劣的環境中，終讓《台灣民報》在1927年8月，發行於台灣。

2年後，《台灣民報》又改組為《台灣新民報》周刊，4年後改行日刊。後來，隨著日本侵華腳步展開，台灣總督府對台灣管制開始緊縮；1937年，總督府強制廢止全台日報的漢文欄，《台灣新民報》被迫結束漢文版，出刊日文版。同年，總督府設立臨時情報部，開始新聞檢查、統一發佈消息，台灣的報紙淪為傳聲筒。

1941年，「皇民奉公會」要求日資進入新民報，總編輯林呈祿不得已把報名改作《興南新聞》；後來，林呈祿還把名字改做日式的「林貞六」，為的就是希望能讓日本軍部放鬆管束。但一連串的讓步妥協，仍無法挽回他一手創立的新聞事業。1944年3月，總督府強制合併了《興南新聞》。

▲因日本人對《台灣民報》讀者多加干涉，因此報社於各處設「讀報社」供民眾閱報。

▲《台灣新民報》召開股東大會時的盛況。

▲《台灣民報》總批發處位於蔣渭水之大安醫院隔壁，圖為報紙發送情景。

▲《台灣新民報》的記者群合影。林呈祿為前排左1，後排分別為黃旺成（左1）、黃周（左3）、黃呈聰（左4）、吳三連（左5）、陳逢源（右2）。

【延伸閱讀】

⇨ 莊永明，《島國顯影》第一輯，1993，創意力文化。
⇨ 莊永明，《台灣百人傳》一，2000，時報出版。
⇨ 莊永明，《台灣紀事》，1989，時報出版。
⇨ 謝德錫，〈台灣新民報總編輯──林呈祿〉，《台灣近代名人誌》一，1987，自立報系。

孔子的中心思想是個人——
人要抓人，人就ㄉㄟˇ人！

1 請警察吃「火鍋」

2 跟警察說「子曰」

3 對警察吐口水

4 跟觀眾玩躲貓貓

2 ᴬ 跟警察說「子曰」

王敏川肖像。

1923年，文化協會的重要幹部王敏川，以《台灣民報》記者身分歷訪台灣各地，
除了鼓勵民眾踴躍訂報外，還順便舉辦巡迴講演。由於講演的內容多是鼓吹民族主義、
批評日本政府，而廣受民眾熱烈歡迎，但也因此常遭日本警察取締。
1925年冬天，警察嚴格取締台北的講演會，主持人蔣渭水一氣之下，
故意要王敏川在講台上坐著講《論語》，於是王敏川就講了一個多月的「子曰」；
台下觀眾心裡也明白，王敏川正與警察鬥法，所以儘管冬夜寒冷，仍然天天準時捧場。

非武裝抗日的
擎旗大將——
王敏川
1889.3.22~1942

　　王敏川是日治時期「非武裝抗日」陣營的擎旗大將。他於1889年3月22日出生在彰化，

王敏川（右3）與文化協會彰化友人合影，右1為賴和。

字錫舟。由於父親王廷陵精通漢學，使得從小受到薰陶的王敏川寫得一手漢詩古文，且終其一生，始終煥發著濃厚的漢民族意識。

　　1909年王敏川自國語學校畢業後，便回到母校彰化公學校任教。10年後，他以33歲的「高齡」，負笈東京，進入早稻田大學的政治經濟科就讀，這時的他，開始接觸社會

1929年文化協會於南投竹山講演後留影，中坐者為王敏川。

主義的思潮，並積極參與林獻堂領導的台灣民族運動，包括籌辦《台灣青年》雜誌與「文化協會」。

　　王敏川先後擔任過《台灣青年》、《台灣》、《台灣民報》記者、主任；在這些刊物上，他以犀利的文筆諷評日本殖民政府。此外，他還曾以記者的身分，走遍台灣各地，一方面鼓勵人民訂報，一方面舉辦文化演講，喚醒民眾的民族意識。巡迴講演會所到之處，受到熱烈歡迎，成為日後文化協會演講風潮的濫觴。1924年「治警事件」二審判決，王敏川入台北監獄服刑3個月；出獄後，他回《台灣民報》上班，同時繼續文化協會的講演會。

王敏川（右1）與友人合影。坐者右1為賴和。

　　文化協會的啓蒙運動日漸蓬勃，啓發了台灣民眾的民族意識，也帶進許多海外的思潮；後來，文協部分幹部受到社會主義影響，內部發生「激進派」與「穩健派」爭鬥，最後竟分裂成左、右兩派。屬於社會主義派的王敏川成為「新文協」的主要幹部，其他舊幹部如蔡培火、蔣渭水則另組「台灣民眾黨」。

　　分裂後的文協以解放全體佃農、勞工、貧民為目的，發動激烈抗爭事件，如

1927年6月王敏川參加全島雄辯大會紀念攝影。

新竹事件、台南墓地事件、台中一中「說台灣話」事件。在這些群眾運動中，王敏川均占有舉足輕重的地位，也因此數度入獄。後來，台共分子曾企圖解散文化協會，王敏川仍始終堅持理念，希望能以「小市民的大眾團體」保留文協，繼續與日本殖民政府周旋。

　　1931年1月5日，文協舉行第四次大會，除了推選王敏川爲中央委員長兼財政部長外，並議決開除林獻堂、支持台灣工農運動等。當夜，文協的新中常委祕密會議，決議支持台共。6月，日本當局開始逮捕台共分子；8月，簡吉召開「台灣赤色救援會籌備會」，王敏川負責中部地區工作；12月，王敏川和十多名文協的中常委也被逮捕入獄。

　　這一次，王敏川坐監了7年後才出獄，牢獄的折磨使得他健康大受影響。1942年9月他遽然病逝，逝世時年僅56歲。

台灣

發行人：王阿舍　發行所：遠流舊聞社

舊聞提要

1. 王敏川與賴和的牌位遭到彰化忠烈祠撤除。
2. 行政院美援運用委員會改組，陳誠兼任主任委員，尹仲容為

▲ 位於台南的「開山神社」是台灣第一座神社，住址即今「延平郡王祠」。

副主任委員，負責實際主持工作。

3. 金門料羅灣發生海戰，國軍擊沈11艘中共船艦。
4. 中共宣稱台澎金馬是內政問題，並將領海擴及12浬，
　美國聲明將與中共談判，但協防台澎金馬的決策不變。

讀報天氣：晴時多雲偶陣雨
被遺忘指數：●●●●○

「抗日志士」變共匪!?
王敏川忠烈祠牌位遭撤除

【本報訊】1958年9月3日，王敏川位在彰化縣忠烈祠內的牌位遭到撤除，原因是他被指為台灣共產黨匪幹。然而根據本報記者深入採訪得知，儘管王敏川主張階級鬥爭、支持台共，卻終生未曾加入共產黨。

為什麼王敏川會與台灣共產黨合作？主要是因為他們有共同的敵人——與資本家掛鉤的日本殖民政府；加上效法中國國民黨「國共合作」對抗日本的政策，王敏川於是選擇親共。

王敏川逝世後，1951年，台灣省政府為褒獎他為「抗日志士」，將他與賴和的牌位放進彰化縣忠烈祠。7年後，內政部卻以「故台共匪幹」之名，將兩人牌位雙雙撤除。

如果王敏川地下有知，是否應該為自己牌位被撤離忠烈祠而抱不平呢？

▲日治時代台灣地區最大的神社「台灣神社」，後來原址改建為「圓山飯店」。

不一定。其實，忠烈祠和日治時代的神社、明清時的武廟一脈相承，都是祭祀那些有功於統治者的官廟，其香火是由政府而非一般老百姓來維持。日治末期，不但在台灣各地大肆興建各等級神社之外，總督府還興建了專門祭祀軍警的「建功神社」和「護國神社」；戰後，這些神社大多被改為忠烈祠，例如護國神社被改成大直忠烈祠、桃園神社改成桃園忠烈祠。除了名稱改變，忠烈祠和神社的象徵意義並沒有太大的不同。

因此，對於從事農工大眾運動的王敏川來說，對於自己的牌位是否要奉祀在一個由中央政府維繫香火官方武廟裡，還真要仔細想想才行呢。

▲ 由原來的「花蓮神社」所改建的「花蓮忠烈祠」，位於美崙山上。

▲ 位於宜蘭圓山鄉的「宜蘭忠烈祠」，是由原來「宜蘭神社」改建的。

▲ 日治時代學生到建功神社參拜。

▲ 日治時代的台中神社，它於1942年時被遷到今台中孔廟的位置。

▲ 原來的「壽山神社」如今已改成高雄忠烈祠。

王敏川年表
1889.3.22~1942.9.2

1889
3月22日出生於彰化。

1909
自師範學校畢業，回到母校彰化公學校任教。

1919
33歲，負笈東京，進入早稻田大學政治經濟
科，開始接觸社會主義思潮。

1921
在東京積極參與林獻堂領導的台灣民族運動，
籌辦《台灣青年》與「文化協會」。

1923
因治警事件入獄。

1927
主導文化協會分裂，任新文協中央委員、組織
部主務。

1928
因台南墓地事件入獄。

1931
再度入獄，7年後出獄。

1942.9.2
病逝，享年56歲。

【延伸閱讀】
⇨ 莊永明，《台灣百人傳》2，2000，時報出版。
⇨ 莊永明，《島國顯影》第二輯，1995，創意力文化。
⇨ 楊碧川，〈「抗日過激」的「台灣青年」——王敏川〉，《台
灣近代名人誌》三，1987，自立報系。
⇨ 王曉波，《台灣社會運動先驅者——王敏川選集》，1987，
台灣史研究會。

長官你嘛幫幫忙，
吃冷，才有益牙齒健康！

1 拍桌子，老子不幹了

2 不寫冷語，
改說熱言

3 每天讓《民報》開天窗

4 在報上大罵陳儀
打壓新聞自由

2^A 不寫冷語，改說熱言

傑出的輿論尖兵黃旺成。

黃旺成（前排左3）就讀於總督府國語學校時與同學留影。

一

————次大戰後，名專欄作家黃旺成（陳旺成）重回新聞界，並在《民報》工作。

他除了發表社論外，還特別恢復過去的〈冷語〉專欄，為弱勢者代言。

1945年10月24日，台灣省行政長官陳儀來台，29日就表示「很不歡迎昨今冷語」。

11月3日，黃旺成寫完最後一次〈冷語〉後，隔天便把〈冷語〉改成〈熱言〉，不過陳儀看了後，

還是很不高興，行政長官祕書長只得到處打聽，到底是誰在寫〈冷語〉、〈熱言〉。

改名後的〈熱言〉專欄，依舊遭到官方的關切，數度開天窗，但民眾卻給予極大好評與支持，

1947年，台灣發生228事件，《民報》社長林茂生遇害，〈熱言〉也匆匆結束了1年5個月

為民喉舌任務。縱觀二次大戰前後，黃旺成都曾是傑出的輿論尖兵，

只是二次大戰前批評對象是鴨霸的台灣總督府，二次大戰後則換成腐敗的台灣行政長官公署。

冷語熱言的文化尖兵——
黃旺成
1888~1979

黃旺成，本名陳旺成，1888年出生於新竹。由於父親陳送入贅黃家，旺成原本從父姓，直到1950年才改從母姓。1907年他考入總督府國語學校師範部，四年後擔任新竹公學校教職。1913年，明文規定教師必須要穿文官服、戴金線鑲邊帽，黃旺成因此剪去長辮。後來他因日籍校長訓話無禮，並歧視台籍教員，憤而辭去公學校的工作。

1920年，黃旺成到台中清水望族蔡蓮舫家中擔任家庭教師，蔡蓮舫是蔡惠如的親戚，也和霧峰林家有生意上的往來，黃旺成因而認識蔡惠如、林獻堂等人，慢慢涉入政治活動，並於1921年加入「台灣文化協會」。1925年，《台灣民報》舉辦「同姓結婚問題徵文」，黃旺成以撰寫反對意見

1920年黃旺成（前排左4）與父親陳送（前排左6）、元配林玉盞（後排左2）、長男黃繼圖（前排左5）、次男繼志（前排左3）、三男繼送（前排左1）等家人合影於今北門街13號。

獲得第4名，文采受到林幼春的激賞，進而轉入報社工作。

進入報社後，黃旺成開始發表短評，除了以「菊仙」為名撰寫報導之外，另外又以「冷語子」或「冷語」的筆名，撰寫專欄〈冷語〉。1927年，黃旺成在報上發表〈後藤新平的治台三策〉，內容提到因為台灣人怕死、愛錢、重面子，日本人便是利用這三大弱點，來訂定治台三策——用高壓手段威嚇、用小利利誘、用虛名籠絡，筆鋒犀利驚人。

在《台灣民報》記者生涯裡，黃旺成常以獨到的見解剖析當時社會，〈冷語〉專欄佳評如潮。除了針砭時政外，他還將中國大陸報紙上資料改寫成中國記事，

1912~3年黃旺成（左3）擔任新竹公學校教職時與學生合影。

介紹給台灣民眾，是當時少數的「中國通」。在這同時，他也積極參與「台灣民黨」的組黨工作。1927年「台灣民黨」被禁，同年，「台灣民眾黨」成立，黃旺成被選為中央委員。

1931年，黃旺成堅持「台灣民眾黨」必須走全民運動的精神，反對蔣渭水將黨本質修改為「以農工階級為中心的民族運

動」，一年後蔣氏的修正案通過，黃旺成退席抗議，不久「民眾黨」也被日本殖民政府解散。

1939年，黃旺成因「新竹事件」被監禁300天，事後他對於自己無端被牽連並無埋怨。戰爭結束後，他與朋友籌創《民報》，重回新聞工作崗位，1947年，台灣發生228事件，成立不到兩年的《民報》被政府查封，他也因曾經在街頭演講，被視為煽動民眾，不得已化名為黃青雲，避居上海。1948年，他獲得台灣高等法院不起訴處分，從上海回到台灣。

1950年黃旺成以第二候補進入省參議會，在封閉的政治環境中，仍盡力為多數省民爭取權益，不過後來競選連任失敗，參政成績也不顯著。他在戰後最主要的成就，應屬為省及地方修志了。他先是於1948年進入「通志館」（台灣省文獻委員會前身）工作，負責編纂《台灣省通志》；又於1951年受邀，籌組新竹文獻會，擔任主委進行纂修新竹縣志的工作。次年新竹文獻會成立，在經費與人力不足而意見分歧的情況下，他仍迅速編纂完成260多萬言的《新竹縣志》，品質是早年台灣地方志中最受肯定的一部。

1957年新竹縣志稿完成後，黃旺成辭職，此後生活淡泊，不再涉入政事，直到1979年逝世。

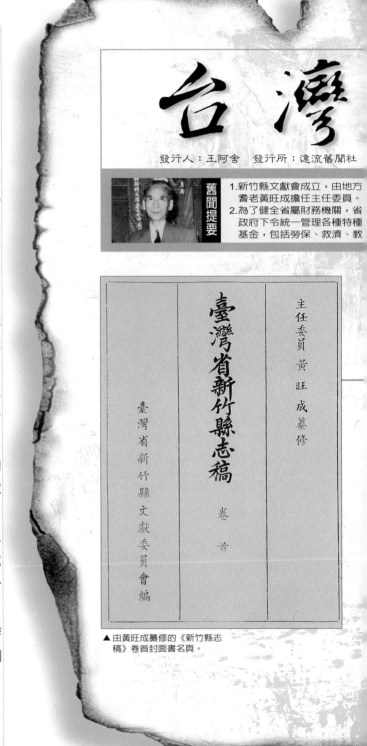

台 灣

發行人：王阿舍　發行所：遠流舊聞社

舊聞提要

1.新竹縣文獻會成立，由地方耆老黃旺成擔任主任委員。
2.為了健全省屬財務機關，省政府下令統一管理各種特種基金，包括勞保、救濟、教

主任委員 黃旺成纂修

臺灣省新竹縣志稿

卷首

臺灣省新竹縣文獻委員會編

▲由黃旺成纂修的《新竹縣志稿》卷首封面書名頁。

育、藥品、自耕農扶植等。

3.中國青年反共救國團舉行首次的團務指導委員會
議，通過團章及團歌。

4.浙海游擊隊攻克浙江省沿海雞冠山、羊嶼、塞頭等
三個小島。

讀報天氣：晴時多雲

被遺忘指數：●●●○

▲由黃旺成纂修的《新竹縣志稿》卷首封面。

首位非縣市長的文獻會主委
黃旺成帶領新竹起跑修縣志

【本報訊】在新竹縣長朱盛淇的力邀下，名
專欄作家、前省參議員黃旺成先生出任新竹
縣文獻委員會主任委員，打破各縣市長兼任
主委的通例。1952年10月2日「新竹縣文獻
會」成立，正式推展新竹縣志的修纂工作。

　　戰後初期，台灣省創立文獻會，各縣市
也多有跟進，且多以收集文獻，或者編纂方
志為工作重點，其中新竹文獻會是比較活躍
的。為了編撰新竹縣志，主任委員黃旺成除
了派人四處採集文史資料外，還進行實地採
訪，包括史料和田野調查等，這和其他文獻
會以抄錄舊籍的情況很不同。更難得的是，
新竹文獻會還發行《新竹文獻會通訊》，將

▲新竹文獻委員會職員表。

採集來的文史資料先行公佈，和地方人士印證討論，作為修纂縣志的基礎；工作方法相當縝密而有效。

讓人意外的是，支撐這麼龐雜工作而績效卓著的新竹文獻會，其實是一個經費和人力都十分困窘的單位。全體職員連黃旺成在內，才只11人。由於經費不足，無法外聘作者，所有的撰稿、訪談調查、資料收集、抄寫以及編輯工作都由黃旺成和同仁自己來。有時，連工作費用和人員的薪資都申請困難。也因此，《新竹文獻會通訊》發行初期，只能以油印方式發行。

儘管如此，黃旺成卻秉持著「快、優、廉」的原則，在1957年5月即完成了《新竹縣志》，包括11卷及卷首、卷末共260餘萬言，以及圖表照片等。不但速度快，品質也高，和同時期的其他縣志相比較，允稱佳作。

戰後初期的文獻會，除了台灣省、台北市文獻會等少數仍維持之外，其他文獻會大多關閉。黃旺成在完成新竹縣志後即功成身退，其後新竹文獻會在維持一段時日後宣告解散，《新竹文獻會通訊》也停刊。新竹文獻會所珍藏的許多書籍，隨之散佚，其中不乏海內孤本，為文獻之一大損失。

▲ 新竹文獻會於1952年10月2日成立時留影。

▲ 黃旺成（前排左）與新竹文獻會工作人員合影，前排右為編撰組長郭輝、後排左起陳義雄、曾宗渠、黃奇烈、林秀芳、林水樹。

▲ 新竹文獻會成立一週年舉行文獻展覽會。

▲ 黃旺成（右起）和新竹縣長朱盛淇、副主委韓逋仙合影。

▲ 新竹文獻會辦公室一角。

黃旺成年表
1888.7.19~1979

1888
7月19日生於新竹，父親陳迻入贅，旺成原從父姓，後從母姓。

1907
同時考入總督府國語學校和醫學校，選擇就讀國語學校師範部。

1911
擔任新竹公學校「訓導」教職。

1918
辭去公學校的工作。

1920
擔任蔡蓮舫家的家庭教師，認識林獻堂、蔡惠如等，漸涉入政治活動。

1921
加入「台灣文化協會」。

1926
擔任《台灣民報》記者，次年開闢〈冷語〉專欄。
積極參與「台灣民黨」的組黨工作。

1931
反對「以農工階級為中心的民族運動」，退出民眾黨。

1939
12月21日因「新竹事件」被監禁300天。

1945
戰後，與朋友重組《民報》，重回新聞工作崗位。
在台北市參選省參議員，為第二候補。

1947
228事件發生，《民報》被查封，化名為黃青雲，避居上海。

1948
獲得台灣高等法院不起訴處分，從上海回到台灣。
進入「通志館」(台灣省文獻會前身)工作，負責編纂《台灣省通志》。

1950
遞補任參議員。

1952
新竹文獻會成立，擔任主委，開始纂修《新竹縣志》。

1957
完成《新竹縣志》。辭「新竹文獻會」主委。
合組「台新行」，擔任名義人。

1960
台新行受林邈碳礦拖累，新竹市中山路住宅被查封。

1979
逝世。

【延伸閱讀】
⟳ 張德南，《堅勁耿介的社會運動家——黃旺成》，1999，新竹市立文化中心。

媽咪，Trust Me,
I Can Make It！

Q 蔡培火的母親過生日時，文化協會幹部為她祝壽，
集資1,300多圓的禮金，結果蔡培火把這筆錢拿去**？**

1 給母親去媚登峰
全身美容

2 購買巴拉松準備毒
死台灣總督

3 請大家看電影

4 以母親的名義
捐給孤兒院

3 A 請大家看電影

台灣文化協會的文化啟蒙運動多以講習會與講演為主,但由於當時有些台灣民眾不能完全理解講演內容,於是文化協會的專務理事蔡培火就打算藉由電影的視覺特性來宣傳,以擴大民眾的學習效果。1925年秋天,蔡培火的母親71歲大壽,文化協會的全體同志籌謀為蔡母祝壽,募集1,300多圓禮金。收到禮金的蔡培火將這筆錢轉捐給文化協會,充作文化協會電影隊基金,他還另外募了3000圓,到日本買了一台美國製的放映機,與宣傳影片七卷。文化協會電影隊──「美台團」終於成立時,蔡培火還做了一首團歌來振奮人心,讓團員在每次開映前高唱。1926年4月4日,美台團在台南首映,之後所到之處,普受民眾熱烈歡迎:演出時,觀眾不僅與團員合唱團歌,辯士(解說員)在影片播放時夾雜諷刺時政的解說,也讓他們大吐心中怨氣,拍案稱快。

熱血的柔性政治家──
蔡培火
1889~1983.1.4

蔡培火，號峰山，1889年出生於雲林北港，父親是知名學者蔡然

1921年韓石泉、王受祿、蔡培火（從左至右）合影。

方。蔡培火6歲時，台灣割讓給日本，父親也在這年病故，不久，兄長因為參加抗日遭到通緝，母親不得已帶著全家逃往福建，後來因家產耗盡，又返回北港。

13歲時，蔡培火在短短幾天內就學會了羅馬拼音，從此藉著羅馬拼音文字自修台灣白話文、日文與漢文。1906年，蔡培火進入台灣總督府國語學校的師範部就讀，畢業後在公學校任教。在求學與教書的日子中，蔡培火了解到，台灣人民被日本統治後，因語言的障礙與

文化協會寫真部留影。前排左起為盧丙丁、蔡培火、林獻堂、林幼春、林秋梧。

政令的不平等，文化知識越來越落後，所以極力推展羅馬拼音，並希望藉由「同化會」的同化，讓台灣人有與日人相同的待遇。1915年，同化會被日人下令解散，蔡培火也被迫離開教職。

離開學校後，蔡培火得到林獻堂的資助，前往日本留學，並考上東京高等師範學校理科二部（物理化學科）。在日本，蔡培火結識了日本開明派的政治人物，並積極參與台灣留日學生的抗日活動；1920年，他擔任《台灣青年》的編輯兼發行人，隨後1923年加入「文化協會」，並協助林獻堂推動台灣議會設置請願運動。在議會設置請願運動的漫長14年歲月中，

蔡培火參加《台灣新民報》舉辦的座談會。

標榜全民運動的蔡培火，與支持民族主義的蔣渭水，各以不同的風格帶領台灣有志人士反抗日人統治，贏得「南蔡北蔣」兩大宣傳運動家的稱號；1923年，蔡培火因參加「台灣議會期成同盟會」，不久後即遭到日警逮捕，以違反「治安警察法」起訴，他和蔣渭水2人同時被判刑監禁4個月。

1927年，「文化協會」分裂，蔡培火

1955年林獻堂與蔡培火（右）於東京合影。

與蔣渭水正式脫離「文化協會」，創立「台灣民眾黨」。

1930年，民眾黨的運動路線逐漸受到左翼團體影響，階級鬥爭成分越來越濃，蔡培火因理念不同，且違紀跨黨加入「台灣地方自治聯盟」，後來被開除黨籍。

離開民眾黨後，蔡培火持續推動議會設置請願運動。1937年，中日戰爭爆發，他離開台灣前往東京；1945年，日本宣佈無條件投降，蔡培火隨後加入中國國民黨，一年後回到台灣。回台後，他先後擔任過立法委員、行政院政務委員與總統府資政，並編著國語、閩南語的對照辭典。那時，蔡培火看見本省人與外省人因語言不同，產生許多誤會，因此希望藉由他曾輕鬆學會的羅馬字母，來拼音台灣白話文，不過當時政府禁用羅馬拼音字，蔡培火最後改用國語注音符號替代。

蔡培火晚年最積極推動的，是台灣紅十字會務與無償捐血活動。

1983年蔡培火逝世，享年95歲。

台灣

發行人：王阿舍　發行所：遠流舊聞社

舊聞提要

1. 中華民國捐血運動協會成立。
2. 立法院首次公開審查中央政府總預算。

無償捐血運動濫觴

【本報訊】1974年4月19日，在蔡培火的催生下，「中華民國捐血運動協會」創辦，這是台灣無償捐血運動的濫觴。

日治時期帶領台灣人抗日的蔡培火，在第二次大戰日本戰敗後，加入中國國民黨，隨後並當選立法委員。不過，1949年以後，蔡培火的最大成就，卻是社會公益事業。

1950年代蔡培火擔任中華民國紅十字總會副會長的期間，他就開始針對當時台灣醫療機構普遍不足，農村都市資源分配不均的情形，展開巡迴醫療工作。蔡培火組織了三個醫療隊，分北、中、南三區到處義診；除了聘請助產士巡迴各地來幫助窮苦的孕婦之外，並在澎湖、台東等地設置藥箱，為貧困的原住民或離島地區居民提供成藥。

歷 史 報

3. 嘉南地區和中北部養殖的蛤蜊和牡蠣大量死亡。
4. 世界反共聯盟第7屆大會決定頒發「反共鬥士獎」
　給蔣中正總統。

讀報天氣：晴朗
被遺忘指數：●●○

中華民國捐血運動協會成立

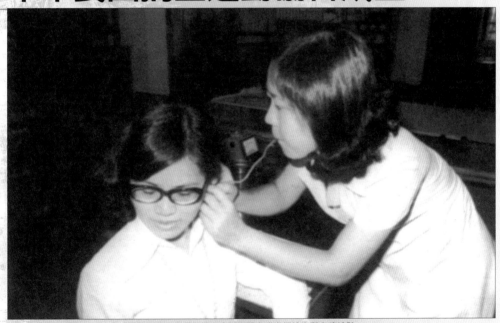

▲ 早年醫療相當簡陋，捐血前僅能由工作人員為捐血人以克難方式進行檢查與血液檢驗。

有鑑於台灣醫療用血的困境，1974年，蔡培火從紅十字會中提撥新台幣20萬元，組設捐血運動協會，先後在台北、台中、台南、高雄成立4個捐血中心。一開始，捐血運動受到莫大阻礙：經費、人力不足，國內捐血環境惡劣。當時，台灣醫療用血的管道大多來自有償（付費）捐血的「血液銀行」，由於血液儲存設備不完善，血液的供需被賣血集團所壟斷，血液的品質、價格經常起伏不定。另一方面，職業賣血人（血牛）因終年賣血維生，體格欠佳，迫切需要血液的病患在缺乏一公正的血液機制下，只得以高價換取低品質的血液，成為任由宰割的羔羊。

為了打破國人惜血如金的觀念，蔡培火經常跟著捐血車四處宣導，並小心應付既得利益的血牛集團的反撲；即使生病臥榻在病床上時，他也時時注意捐血運動推展進度。就在蔡培火的細心耕耘下，國內的無償捐血運動終於一點一滴慢慢成長。

▲ 蔡培火主持捐血車捐贈的典禮。

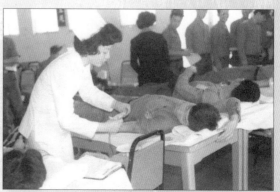
▲ 60年代的捐血，只能以桌椅當作採血床。

▲ 捐血郵票。

▲ 中華捐血運動協會之捐血榮譽卡。

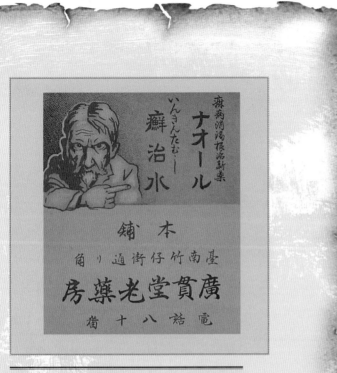

▲ 經過長年努力，如今台灣的街頭常可見捐血車和「捐血一袋，救人一命」的標語。

蔡培火年表
1889~1983.1.4

1889
生於雲林北港，父親是知名學者蔡然方。

1895
台灣割讓給日本，其父蔡然方病故。
長兄抗日遭到通緝，全家一度逃往福建。

1902
藉著羅馬字自修台灣白話文、日文與漢文。

1906
進入台灣總督府國語學校師範部就讀。

1910
畢業後在公學校任教。

1914
加入台灣同化會。

1915
同化會被總督府下令解散，被迫離開教職。
由林獻堂和親友資助，前往日本留學。

1920
擔任《台灣青年》編輯兼發行人。

1923
加入「文化協會」，協助推動「台灣議會設置請願運動」。
因違反「治安警察法」遭逮捕，被判刑4個月。

1927
「文化協會」分裂，脫離「文化協會」，與蔣渭水等人創立「台灣民眾黨」。

1930
8月加入「台灣地方自治聯盟」，
12月因理念不同，被台灣民眾黨開除黨籍。

1937
中日戰爭爆發，前往東京以避開台灣總督府的監視。

1957
當選台灣省第3屆臨時省議員。參與「選舉改進座談會」、「中國地方自治研究會」。

1942
由東京避居上海。

1945
日本投降後，加入中國國民黨，一年後回到台灣。

1948
當選行憲第一屆立法委員。

1950
獲行政院長陳誠聘為行政院政務委員。

1952
任中華民國紅十字總會副會長，台灣省分會會長。

1965
由政務委員改任總統府資政。
創立淡水工商管理專科學校（今真理大學）。
編著「國語、閩南語對照辭典」。

1974
創辦中華民國捐血運動協會，並任理事長。

1983.1.4
因病過世，高齡95歲。

【延伸閱讀】

⇨ 蘇進強，《風骨嶙峋的長者——蔡培火》，近代中國出版社，1990。

⇨ 謝德錫，〈變局下的柔性政治家——蔡培火〉，《台灣近代名人誌》二，1987，自立報系。

一二三，到台灣，
台灣也有孫中山

Q 有「台灣孫中山」之稱的蔣渭水，是政治家，也是醫生。
他曾幫台灣看過病，病名是 **?**

1 眼睛鼻孔自閉症

2 歷史選擇性失憶症

3 民族老化癡呆症

4 知識營養
不良症

4 ᴬ 知識營養不良症

1921年，在「台灣文化協會」成立大會上，蔣渭水曾說台灣人病了，
患的是知識營養不良症，而文化運動是醫治此病的唯一治療法。
在協會的會報上，他又發表了一篇非常特別的文章，是一份針對台灣的診斷報告書。
診斷書上關於「患者」台灣的病情和醫療方法，是這麼寫的：

現症：道德頹廢，人心澆薄，物欲旺盛，精神生活貧瘠……

主訴：頭痛、眩暈、腹內肌餓感。

診斷：初診時，以患者頭較身大，理應富於思考，但以2、3常識問題試加詢問，其回答卻不得要領，
可想像患者是個低能兒……聞及稍微深入的哲學、數學、科學及世界大勢，便目暈頭痛。

療法：原因療法，即根本療法。

處方：正規學校教育最大量；補習教育最大量；圖書館最大量；讀報社最大量；若能調和上列各劑，
迅速服用，可於20年內根治。

主治醫師 蔣渭水

人物小傳

醫人醫台的革命家——
蔣渭水
1890~1931

1913年，蔣渭水與朋友合影。後排右1為蔣渭水，前排右2為杜聰明，右3為翁俊明。

就讀台北醫學校時的蔣渭水。

蔣渭水，1890年（光緒16年）在宜蘭出生，21歲時考進台灣總督府醫學校就讀。醫學校畢業後，蔣渭水原立志以醫術救人，後來認識了林獻堂等人，轉而鼓吹台灣同胞用和平的手段抗日。

除了積極推動台灣議會設置請願運動外，1921年蔣渭水與林獻堂還一起成立台灣文化協會，從事反對運動；蔣渭水認為，台灣在世界中有其重要地位，卻無可造人才，成立文化協會、從事文化運動正可幫台灣培養優秀人才。

1923年，蔣渭水因「治警事件」入獄。1927年，他一手創立的文化協會左傾、轉向從事社會主義運動，蔣渭水認為與當初創會精神不同，於是選擇離開文協。同年，他與同志創辦了台灣第一個政黨「台灣民眾黨」，號召人民建設台灣、革除社會不良風俗。

台灣民眾黨曾做出幾件轟轟烈烈的大事。1930年，蔣渭水叫他的兒子蔣松輝進入電信局發電報，向國際聯盟檢舉日人「為了營利，再發鴉片執照，姑息人們吸毒」，使得台灣鴉片問題國際化（據蔣松輝回憶）。霧社事件發生後，蔣渭水嚴詞批評日本殖民政府的原住民政策失當、日本軍警用毒氣殺害霧社原住民，並將此事告知給日本國內的政黨。

為了廢除社會惡習，蔣渭水也以身力行。1927到1929年，他的父親與母親相繼逝世，蔣渭水盡量簡化喪儀；母親出殯時，他將「放銀紙」的舊俗改成散發傳單，上面印有「打破妄從迷信、挑除守舊陋習」、「廢除無意義牽亡調啼哭，反對多喧嘩鑼鼓、鼓

杜聰明讚頌蔣渭水的題字。

蔣渭水臨終前與親友合影。

吹」等「喪禮口號」。

　　蔣渭水終生服膺「孫文學說」，堅持與日本政府採取不妥協主義，並將終生奉獻於台灣的自治運動，就連臨終之前所立的遺囑，也如孫文勉勵繼任者一般──台灣革命社會運動已進入第三期……舊同志要加倍團結，因此有「台灣孫中山」之稱。1931年2月，台灣民眾黨被日警查禁，同年8月5日蔣渭水也因傷寒病逝，死時僅42歲。

蔣渭水過世後之送葬行列。

　　蔣渭水生前開過醫院、書店，也經營過餐廳酒樓，不僅如此，他還是個醫生、政黨組織者、街頭運動家、勞工運動者，甚至是小有名氣的作家；他熱情、堅毅的個性，不但豐富了他的一生，也燦爛了日治時期的台灣。

台灣

發行人：王阿舍　發行所：遠流舊聞社

舊聞提要

1. 台灣人的第一個政黨──「台灣民眾黨」成立。
2. 農民組合中壢支部向日本拓殖省要求降低田租。

▲ 台灣民眾黨於1927年成立，1月4日召開第一次討論會時留影，前排右2為蔣渭水。

歷 史 報

| 1927年7月17日 | 穿越時空 獨漏舊聞 |

3. 受到暴風雨的侵襲，台東大武支廳的所在地全部被毀。

4. 《台灣民報》在台灣印行。

讀報天氣：晴朗

被遺忘指數：●●●○

一波多折
台灣民眾黨終於成立

【本報訊】一心想成立政黨，透過政黨力量，向日本人要求人民參政權的蔣渭水，終於如願以償：1927年7月10日，台灣人的第一個政黨──「台灣民眾黨」成立。

早在退出文化協會前，蔣渭水就想籌備政治組織；1922年，他與蔡培火成立了「新台灣聯盟」；不久，聯盟礙於「治安警察法」的規定，無法許可。1927年離開文化協會後，蔣渭水又籌組了「台灣自治會」、「台灣同盟會」、「台政革新會」、「台灣民黨」，但最後都被日本當局一一禁止。

蔣渭水不死心、繼續奮鬥；鑒於「台

▲台灣工友總聯盟於1928年2月19日成立，蔣渭水出力不少，會場則懸掛其著名口號：「同胞需團結，團結真有力」。

蔣渭水 99

灣民黨」遭禁止的原因，是綱領「期實現台灣人全體之政治的、經濟的、社會的解放」中，出現了「台灣人全體」、「解放」7字，日本當局認為有挑撥民眾情感、抱有民族自決的意圖。於是，幹部們修改綱領，重新在1927年6月24日以謝春木的名義，提出「台灣民眾黨」的結社申請。

新黨綱以「確立民本政治、建立合理的經濟制度、改除不合理的社會制度」為訴求，

結果，出乎意料地順利過關，台灣第一個政黨——台灣民眾黨終於誕生。只是，在日人的要求下，蔣渭水竟然被要求不得入黨。

為了這個問題，民眾黨的幹部們開會討論，最後，他們決定「寧為玉碎，不為瓦全」。蔣渭水最後不但入了黨，還被推選為中央常務委員。

7月15日台灣民眾黨假台中市聚英樓酒家舉行創立大會。

▲ 1928年，台灣工友總聯盟第二次集會，前方第2排右6為蔣渭水。

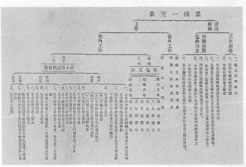

▲ 台灣民眾黨黨綱。

▲ 1929年10月，台灣民眾黨遭到日本殖民政府禁止結社，左1為蔣渭水，左2為秘書長陳其昌（後任公論報總經理）。

1890
8月6日在宜蘭出生。

1910
考進台灣總督府醫學校就讀。

1915
醫學校畢業，至宜蘭醫院實習。

1916
在台北大稻埕開設大安醫院。

1921
與林獻堂一起成立台灣文化協會。

1923
因「治警事件」入獄。

1927
因文化協會左傾、轉而從事社會主義運動，離開文協。
同年，與同志創辦台灣第一個政黨──台灣民眾黨。

1931
12月18日台灣民眾黨被日警查禁。
8月5日因傷寒病逝，死時42歲。

文化書局 總經理蔣渭水啟

全島同胞諸君公鑒同人為應時勢
之要求創設本局漢文則專以介紹
中國名著叢書及平民教育和文則
專辦勞働問題農民問題諸書以資
同胞之需萬望諸君特別愛顧擁護
倬本局之得蒸蒸日上以介紹機關之使
命則本局幸甚臺灣幸甚

【延伸閱讀】
⇨ 莊永明，《島國顯影》第一輯，1993，創意力文化。
⇨ 莊永明，《台灣百人傳》1，2000，時報出版。
⇨ 莊永明，《台灣紀事》，1989，時報出版。
⇨ 黃煌雄，《蔣渭水傳──台灣的先知先覺者》，1992，前衛出版。

轟動武林，驚動萬教，
就靠這鍋致命武器！

Q 旅日明星翁倩玉的祖父是翁俊明，據說他曾帶著「致命武器」，從台灣到北京去，打算暗殺袁世凱。請問，這武器是 **?**

1 倚天劍和屠龍刀

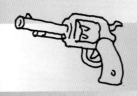

2 德製左輪手鎗

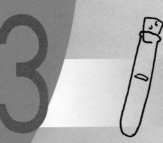

3 霍亂病菌

4 砒霜

3 ᴬ 霍亂病菌

翁俊明，是台灣第一位加入中國同盟會的人。

根據杜聰明（台灣第一位醫學博士）回憶，當時中華民國的總統袁世凱意圖恢復帝制，

引起中國民主派人士嘩然，連在台灣的部分年輕學子也義憤填膺。

他和翁俊明就曾在蔣渭水的提議下，決定帶著霍亂病菌到北京，準備趁隙投入蓄水池。

但因水廠的警備森嚴，加上他們發覺可能有人跟蹤，兩人才不得不放棄計畫，回到台灣。

不過，翁俊明自己並未提及此事，而且袁世凱宣佈稱帝是在1915年，當時翁俊明已畢業，

時間有所出入，因此，此事的真實性還有待證實。

突破傳統的抗日醫生——
翁俊明
1892.1.12~1943.11.18

翁俊明（右一）與賴和（右二）、王兆培（右四）均為台北醫學校第13屆學生。

翁俊明攝於福建龍溪。

翁俊明，1892年（清光緒18年）出生，台南市石門腳人。4歲時，遭逢日本政府領台，不過自小有「神童」之稱的翁俊明，卻一直在私塾受漢學教育，直到14歲時才進入公學校讀日文，並於18歲時，考上台灣總督府台北醫學校(今國立台灣大學醫學院前身)。

在進入「醫學校」第2年，翁俊明受到孫中山革命思想的影響，加入中國同盟會，擔任台灣地區的通訊員，並在台北成立中國同盟會台灣通訊處。根據他的傳記以及《重修台灣省通志》的記載，1913年翁俊明曾召集同志在艋舺（萬華）、和尚洲（蘆洲）和柑園（樹林）等地從事革命工作；甚至還曾與同學杜聰明一起到北京，企圖殺害當時一心想恢復帝制的總統袁世凱。不過，這些事蹟並未被證實。

1914年，翁俊明自醫校畢業，在馬偕醫院實習，成績優異；隔年元旦，與台南富紳吳筱霞之女吳湘蘋結婚，婚禮採「新式結婚」，突破傳統六禮的繁瑣。今日結婚所行禮的儀式，與他當時擬定的方式相似。

在他結婚那年，台南發生「西來庵事件」，領袖余清芳被捕起訴，最後判處死刑的多達903人，實際執行死刑的200人，703人成為無期徒刑。由於對日本軍閥深感痛惡，翁俊明於是在1915年4月舉家遷居廈門，並開設俊明診所。

1934年翁俊明夫人吳湘蘋與三女翁鏘鏘、四子翁赫曦，攝於福建廈門。

1975年台灣光復節，中國國民黨於台中市鑄立翁俊明銅像，揭幕當日家屬合影紀念。

雖然學的是西醫，翁俊明對於促使中西醫一元化卻有著極大的興趣。他一方面設立中藥研究室，一方面又在1925年與1929年，創辦醫學專校於上海與廈門兩地，目的就在於培育人才，並用科學的方法來研究中醫學。在研製中藥西化的過程中，翁俊明還曾在實驗室中吸了太多毒氣昏倒，差點送命。

隨著日本侵略中國腳步逼近，翁俊明決定投入抗日工作，他以行醫作為掩護，奉命在各個淪陷區內建立工作據點。1943年，他出任國民黨中央黨部「直屬台灣黨部」的主任委員，負責延攬優秀分子加入國民黨，同時竊取日本軍政情報。同年11月，翁俊明遭不明人士下毒，最後毒發身亡在任所內，死因成謎。旅日歌手翁倩玉，即是翁俊明次子，翁炳榮之女。

台灣

發行人：王阿舍　發行所：遠流舊聞社

舊聞提要

1. 醫師翁俊明與名媛吳湘蘋在台南孔廟舉行台灣第一場新式婚禮，500多人圍觀。
2. 總督府授意部分台灣仕紳組

台灣第一新式婚禮
500多人圍觀

【本報訊】1915年元旦，翁俊明與吳湘蘋在台南孔廟明倫堂中舉辦了一場突破傳統的「文明婚禮」，成為台灣第一對舉行新式婚禮的佳偶。

自從1895年日本統治台灣起，日本當局便致力於改變台灣人的傳統習俗，不過台灣人的婚禮，還是堅持遵照中國古禮，從納采、問名、小聘、小定、大聘、大定、送日、到親等，諸多繁文縟節；使得一場婚禮舉行下來，不但耗費了相當多的時間、人力、物力，男女雙方更常為了聘金、嫁妝多寡等問題反目。儘管如此，大部分的人都不敢違反傳統，有些人甚至認為婚禮如果不遵照古禮進行，新人會得不到福氣。

織同風會，以對抗同化會。
3. 台中同化會的中部支部被撤廢。
4. 北部棒球協會在台北成立。

讀報天氣：晴朗

被遺忘指數：●●

▲ 日治時期婚禮上穿著西式
禮服的新郎新娘。

1915年元旦，翁俊明與吳湘蘋於台南市孔廟舉行台灣首次的新式婚禮，轟動一時。

但是馬偕醫院的醫師翁俊明，卻突破了傳統婚俗的束縛，舉行了一場新式的婚禮。在他與台南富紳的女兒吳湘蘋的婚禮中，新郎新娘自訂婚禮的程序——既沒有花轎親迎，也沒有八音鑼鼓，只有簡單的奏樂、入席、致詞、交換結婚證書與行禮。婚禮結束後，兩家人還一同攝影留念。

這場簡單隆重的新式婚禮不但吸引了500多人觀禮，更請來了眾多當時社會名流參與婚禮，包括台南名士連橫擔任司儀，蔡培火、王受祿則是致詞的座上賓。由現場群眾的熱烈反應看來，未來台灣人的婚禮勢必會有一番變革了。

▲ 日治時期的婚禮上，新郎新娘穿著西式禮服，但賓客服裝則可見日式、中式、西式等形式。

▲ 日治時期於神社舉行的婚禮合影。

▲ 日治時期於教堂舉行的婚禮。

▲ 日治時期名流望族的婚禮：楊國嶪（楊子培次子）、陳雙美（陳炘長女）於圓山台灣神社結婚紀念照，前排右起為楊雲霞、楊子培夫妻、林獻堂，左2、3為陳炘夫婦，左4為林獻堂妻楊水心。

【延伸閱讀】
⇨ 翁倩玉、章君穀,《翁俊明傳》,1990,中央日報出版部。
⇨ 謝文玖,《耿耿此心在——翁俊明傳》,1984,近代中國出
版社。
⇨ 莊永明,《台灣紀事》,1989,時報出版。

我運動，而且我喝山川牌奶粉。

Q 日治時代的社會運動家連溫卿，為什麼被叫做「山川主義者」**？**

1  他最愛遊山玩水

2 他提倡保護台灣山川

3  山川是他的偶像

4 他說「革命要像山一樣高，像水一樣深」。

3 ^A 山川是他的偶像

連溫卿肖像。

連溫卿，年少時曾與蔣渭水、謝文達、蔡式穀等人籌組社會主義問題研究社，卻遭到日本警察的取締。後來，在文化協會積極推動下，他又和王敏川、蔣渭水一齊組織「台北青年會」，希望藉由台灣青年的團結、相互提攜，而成為時代的中堅分子。在這期間，連溫卿認識了一位名為山口小靜的女子，由於山口的緣故，使得連溫卿接觸了日本社會主義者山川均先生。在山川均的影響下，連溫卿不僅成為社會主義的信徒，還引進日本共產黨發行的刊物到台灣；因此連溫卿就被稱做「台灣的山川主義者」。

溫和的左派社會運動家——
連溫卿

1895.4～1957.11

被稱作「台灣第一代溫和左派社會運動家」的連溫卿，本名連嘴，1895年4月生於台北。關於他童年的事情，現今還沒有足夠的資料，只知道他讀過公學校，在公學校畢業後，靠自己進修來獲得新知。

1913年，ESP(Esperanto)協會來到台灣。這是一個倡導全人類使用共通語言「世界語」(又稱世界人工語，以拉丁語為主)，來解決人類因種族、語言不同而產生動亂的組織。連溫卿在了解該組織的宗旨後，決定加入，並在ESP台灣支部下發行月刊，推廣世界語。

就在參與世界語運動的同時，連溫卿接觸了社會主義理論，並籌組了「社會問題研究會」，後來認識了日本社會主義山川均，因緣際會成為「台灣的山川主義者」。

1927年，連溫卿與畢業自中國上海大學的王敏川一起主導文化協會的分裂。此後，新文協成為「台灣民眾、農、工、小商人與小資產階級後盾的戰鬥團體」，左傾色彩逐漸明顯。連溫卿積極推動勞工運動、也舉辦一些攻擊帝國主義、資本主義的講演；1927年一年內，新文協就舉辦了271次講演會，與同時期台灣民眾黨的活動相比，毫不遜色。此外，新文協致力於提昇農村文化、獎勵青年求學、提倡女權運

1921年10月17日台灣文化協會假台北靜修女子學校成立，會員共有1032人，公推林獻堂為總理、蔣渭水為專務理事、理事41人。圖為數日後在霧峰林家召開第一次理事會時留影。與會人坐者左起3蔣渭水、4林獻堂、5連溫卿，以及站者左起1蔡培火、9林幼春、10王敏川、14賴和等。

連溫卿積極推動勞工運動，並舉辦相關的演講。

動、普及衛生觀念，運動綱領較舊文協更強調民眾。

後來，連溫卿與「上大派」的王敏川產生爭執，兩人因為出身、派系不同，發生激烈的衝突與摩擦。1929年，文協由台灣共產黨掌握指導權，11月連溫卿被控濫用職權、是「山川均反革命勞動派的私生子」，並與楊逵一起被開除會籍。連溫卿從此不再涉足政治。

退出文協後，連溫卿從事民俗學的研究，如「福佬媽」、「童養媳」等題材。有人說，連溫卿離開文協，或許對他個人而言是種幸運，因為他在日治時代晚期不再坐牢，二次大戰後，也未因228事件牽

《台灣民報》自1926年5月16日的（105號）起，連續10期刊出山川均的文章〈弱小民族的悲哀〉。文章中暢談在「一視同仁」、「內地延長主義」、「醇化融合政策」下台灣人所面臨的問題。文本發表於日本相當權威的《改造》雜誌上，譯者為張我軍。

扯喪命。1957年，連溫卿逝世，享年62歲。1988年，他戰後執筆的《台灣政治運動史》出版；此時，距離連溫卿離世，已過31載。

台灣

發行人：王阿舍　發行所：遠流舊聞社

舊聞提要

1. 成立7年的台灣文化協會正式宣告分裂。
2. 為了抗議退休官員強占土地，大肚地區的學生罷課，壯丁團團長、甲長辭職。

抗日同志反目
台灣文化協會分裂

【本報訊】由於思想、觀念無法整合，成立7年的台灣文化協會，在1927年1月3日正式分裂。昔日同仇敵愾的戰友，如今彼此相互攻訐。台灣抗日運動的力量自此分散；向來以議會主義思想為共同主張來從事啟蒙運動的文化協會，也轉變為階級鬥爭的團體。

1921年，一群來自四方、不同生活背景的青年，如蔣渭水、蔡培火、連溫卿等人，為了啟蒙大眾、喚醒人民近代意識，成立了「台灣文化協會」。藉著舉辦多場文化講演、文化劇與夏季學校等活動，文化協會不僅為台灣注入一劑強心針，並帶入許多國外的思想學說。

起初，這些擁有不同思想派別的青年各自擴展勢力，共同抗日；後來，幾位主要領導者對於文化協會的路線與目標，卻開始有不同的解釋。例如，蔡培火主張繼續文化協會的保

歷史報

3. 黑色青年聯盟擴大結合無產青年，舉行全島演講旅行，但隨後44人被捕。

4. 退出台灣文化協會的蔡培火、蔣渭水籌組台灣自治會。

讀報天氣：雷陣雨
被遺忘指數：●●●○

▲ 1927年1月3日文化協會分裂，由左派路線取得主導權，主要領導人為連溫卿、王敏川（坐者右2）。

▲ 1931年後期文化協會於彰化召開全島代表大會，台上中坐者為王敏川。

守路線，謀求設置殖民地議會；蔣渭水則希望藉由全民運動，達成自治的目的；而遵奉日本社會主義思想的連溫卿，則主張農民運動、工人運動，推行階級運動。

不僅文化協會內部出現思想對立的情形，連外在情勢也越來越困難。文化協會的日益壯大，引來了日本當局的嚴密偵察；甚至，為了阻撓文化協會的活動，台灣總督府一面授意當時的富商名流辜顯榮、林熊徵等人成立「公益會」來反制文化協會運動，另一方面則計畫讓林獻堂出國，並散佈謠言，激化文協內部思想的矛盾。

就在這種內憂外患的情況下，1927年1月3日，文化協會舉行臨時總會，連溫卿聯合王敏川以及許多無產青年，取得了文化協會的主導拳；最後，蔣渭水、蔡培火離開文協，另組「台灣民眾黨」，新文協則變成一個主張階級鬥爭的團體。

在連溫卿帶領下，左傾的新文協強調提昇農村文化、提倡女權、破除迷信、廢止吸食鴉片，舉辦了多場演講與劇團公演。它與右派的「台灣民眾黨」，都是日治時期台灣非武力抗日的重要力量。不過，對於台灣人民來說，分裂後的文協，卻不是力量的擴張，因為新文協與民眾黨各自發展、相互攻訐；日本執政當局正好坐收漁翁之利。

▲《台灣民報》在1930年元旦的週刊上，針對台灣幾個社會運動團體的近況做了報導，包括民眾黨、新文協、工友總聯盟，以及農民組合等。

日治時期政治運動系統表

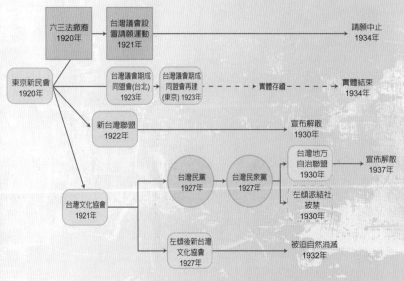

【延伸閱讀】
➭ 張炎憲，〈社會民主主義者〉，《臺灣近代名人誌》四，1987，自立報系。
➭ 蘇新，《未歸的台共鬥魂》，1993，時報出版。

拜到最高點，
心中有壽星。

Q 為了慶祝蔣中正總統七秩華誕，《自由中國》
雜誌出了一冊祝壽專刊，結果發生什麼事？

1 社長雷震與蔣中正
結拜為換帖兄弟

2 被國防部砲轟

3 被黨外人士唾罵
為狗腿

4 獲頒新聞局年度
優良刊物獎章

2 ᴬ 雜誌社被 國防部砲轟

1951年攝影大師郎靜山為雷震攝影留念。

1956 年10月31日，蔣中正70大壽，向全國民眾表示「婉辭祝壽、提示問題、虛懷納言」，希望以進言代替祝壽。於是，《自由中國》雜誌推出「壽總統蔣公」祝壽專號，邀請胡適、徐復觀、毛子水、陶百川等人撰文，對蔣氏與執政黨提出建言，希望國家能確立內閣制、實行軍隊國家化、並強調軍隊應超出黨派關係之外；社長雷震也在建言行列之中。

不料此期雜誌刊出後，執政當局難以容忍，軍方對雷震與《自由中國》嚴加撻伐：《中央日報》、《中華日報》、國防部總政治作戰部等各單位一起圍剿，軍方刊物以「思想走私、為共匪統戰鋪路」攻擊《自由中國》；《中華日報》甚至表示，像《自由中國》這樣的雜誌社應該加以搗毀。

儘管受到嚴厲批評，「壽總統蔣公」這期雜誌卻十分暢銷，一共印了9刷。

人物小傳

自由中國的民主之聲——
雷震
1897~1979

　　雷震，字儆寰，生於浙江。早年留學日本，1923年進日本京都帝國大學法學部政治科就讀，後來再進入該帝國大學的大學院專攻憲法。

　　1926年雷震返回中國，開始擔任國民

黨黨務工作，如：擔任南京市代表大會主席團主席、教育部總務司司長等。對

1946年12月，時任國民大會副祕書長的雷震（右二），與當時軍事首長參觀戰術演習。

日抗戰勝利後，又出任政治協商會議祕書長、國民大會代表等職務；後來，國民政府撤退到台灣時，上海金融紊亂，雷震曾協助穩定上海金融；隨後來到台灣後，又擔任總統府國策顧問。由以上的經歷可以看出，早期雷震與國民黨的關係十分良好。

　　1949年，國民黨政府在中國大陸的情勢逆轉，中共軍隊南逼，中央政府先播遷

1970年9月6日雷震於木柵家裡留影，此時才出獄2天。

廣州，國共對峙長江、和談氣氛瀰漫。身處此局勢的雷震、胡適、杭立武等國民黨員與部分自由主義知識分子，決定籌辦一個宣傳自由民主思想的刊物，藉以對抗共產黨的極權政治，這就是日後的《自由中國》。然而不久後，駐守長江天險的國民黨司令竟被中共的金條收買，國民黨政府被迫遷移到台北，由雷震擔任社長的《自由中國》雜誌，便在台北創刊。

　　一開始，嚴詞批評共產主義、宣揚自由民主思想的《自由中國》，還受到蔣中正的經濟支持，軍隊也訂閱給官兵閱讀。以當時國際局勢來看，美國對國民黨政府種種腐敗作為並不滿意，《自由中國》成為國民黨用來改善國際形象的刊物。但後來國際情勢轉變——韓戰爆發，美國決定對中共採取圍堵策略，台灣戰略地位提昇，具有美化國民政府形象功能的《自由中國》

1960年9月雷震遭到警總非法逮捕，於看守所時寫給夫人宋英的家書。

1960年10月雷震夫人宋英寫家書給仍被關在看守所的雷震。

1978年施明德與艾琳達於台北結婚，請雷震當證婚人後留影。

就顯得不那麼重要了。

然而雷震、胡適、殷海光等人仍執著宣傳民主憲政，他們甚至轉而檢討台灣的內政，與國民黨的關係也就漸行漸遠：一篇批評政府情治人員貪污的文章＜政府不可誘民入罪＞，導致軍方停閱《自由中國》；＜搶救教育危機＞一文指責救國團體制違法，使得雷震被開除黨籍；＜祝壽專號＞引起軍方圍剿；而＜今日的問題＞文章中所探討關於反攻大陸的問題，日後竟成為雷震入獄的理由。

1977年，時年81歲的雷震與夫人、自美歸來探親的長子雷紹陵夫婦合照。

1960年9月4日，雷震被捕，10月8日以「知匪不報」、「為匪宣傳」被判有期徒刑10年。

1970年，雷震出獄，獄中所撰寫的400萬字回憶錄被獄方所毀。出獄後的他仍十分關心台灣政治，還撰文建議國民黨放棄一黨專政、減少軍費支出、健全軍制、解除報禁、廢省或省級虛級化、大赦政治犯等。1979年，中華民國與美國斷交，台灣外交處境陷入低潮，雷震在這年逝世。

台灣

發行人：王阿舍　發行所：遠流舊聞社

舊聞提要

1. 《自由中國》雜誌社發行人雷震因涉嫌叛亂罪名被捕，雜誌社關門，籌備中的新政黨資料也被查扣。
2. 政府宣佈與古巴斷交。

《自由中國》停刊
新政黨胎死腹中？

【本報訊】昨天，台灣警備總部以涉嫌叛亂的罪名，拘捕中國民主黨籌組祕書長雷震，以及《自由中國》雜誌社的編輯傅正、會計劉子英、經理馬之驌等人，並查扣該黨籌備資料。警備總部迅雷不及掩耳的查緝行動，讓人擔心原本預定在9月底成立的新政黨，可能將面臨胎死腹中的命運。

今年，台灣舉辦了兩次地方選舉。就在4月省議員選舉之後，雷震、吳三連、《公論報》負責人李萬居、許世賢等黨外人士召集了一場選舉檢討會，會中，素有郭大砲之稱的郭國基痛斥選風敗壞、指責民社黨與青年黨無力制衡國民黨。最後他提出，國家應有一個強而有力、真正具有制衡力量的反對黨出現。受到郭國基的刺激，雷震等人開始積極籌組新的政黨，並決議在組黨前先組織

歷 史 報

3. 政府及工商界人士共200多人在台北三軍軍官俱樂部舉
行工商金融座談會，尹仲容指出政府將以救窮救急措施
融通工商資金。

4. 選舉改進座談會發言人李萬居、高玉樹一致表示中國民
主黨的籌組工作仍將繼續。

讀報天氣：雷雨
被遺忘指數：●●●○

▲ 1952年11月，《自由中國》半月刊3週年紀念，並歡迎胡適（中排5）回國，合影紀念，後
排右起第4人為雷震。

▲ 雷震(右)於1958年，參加中央研究院
歡迎胡適回國擔任院長的酒會上，與
胡適相互舉杯。

雷震 123

▲ 1960年8月底,雷震於自由中國雜誌社前留影,但數日後即被逮捕。

一個「地方選舉改進座談會」推動選舉改進的工作。

「地方選舉改進座談會」的成立,加上《自由中國》的言論鼓吹,新政黨的籌組進入緊鑼密鼓階段。

他們發表聲明,表示要籌組一個真正反共、民主的政黨,讓一黨專政情況永遠在中國消失;並在日後舉行的一連串座談中,選出雷震、高玉樹等人為新政黨發言人。今年8月14日,雷震宣佈新政黨可望將在9月底或10月初正式成立。

組黨的過程中,雷震與其他人士遭到大批特務的跟蹤,開會時不斷受到警備總部的干擾;此外,執政當局與國民黨的刊物也群起圍攻,批評組黨是違法的,將危害國家安全。《自由中國》、《公論報》則予以反擊,雙方展開激烈筆戰。

9月1日,新政黨籌備人士發表緊急聲明,表示組織新政黨是基於愛國心切,不能坐視國民黨的一黨專制、誤人誤國;同一天發行的《自由中國》也刊出殷海光執筆的社論〈大江東流擋不住〉。該文指出:組織新政黨的民主潮流就像大江東流,是任何政府抵擋不住的;自由、民主、人權保障的要求,也決不是少數私人所能遏阻的。

然而昨天,警備總部以涉嫌叛亂的罪名拘捕雷震,《自由中國》隨即停刊,籌備中的新政黨極可能面臨解散的命運。

▲ 引起軒然大波的〈壽總統蔣公〉一文。

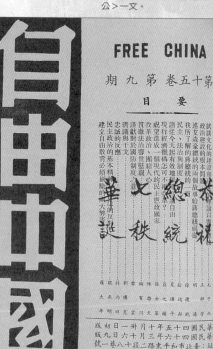

▲ 1957年《自由中國》第15卷第9期「祝壽專號」,引起當時總統蔣中正極度不悅。

雷震年表
1897~1979

1897
生於浙江。

1923
進日本京都帝國大學法學院政治科,後來再進
　帝大的大學院專攻憲法。

1926
回國後,開始擔任國民黨黨務工作。

約1945
抗戰勝利後,任政治協商會議祕書長、國民大
　會代表等職務。

約1947
國民政府撤退來台時,上海金融紊亂,協助穩
　定上海金融。
來台灣後,擔任總統府國策顧問。

1960
9月4日涉嫌叛亂被捕。
10月8日以「知匪不報」、「爲匪宣傳」被判
　有期徒刑10年。

1970
雷震出獄,獄中400萬字的回憶錄被軍人監獄
　焚毀。

1979
中華民國與美國斷交,雷震逝世。

【延伸閱讀】
⇨ 傅正,《雷震全集》,1990,桂冠。
⇨ 張忠棟,《胡適.雷震.殷海光》,1990,自立報系。

QUES
TION

別人的失敗，就是我的快樂——
ㄎㄨㄞˋ 去清 ㄌㄜˋ 垃圾！

UES
TION

Q 「議壇大砲」郭國基在1960年高票當選台灣省議員後，
曾聯合不少落選人做了什麼事❓

1 互相在臉上簽名留念

2 一齊去唱卡拉OK

控告選舉無效

4 清洗全台北張貼
宣傳海報的牆壁

3^A 控告選舉無效

郭 國基是台灣議壇的老將。他個性剛烈，問政犀利，素有「議壇大砲」之稱。
二次大戰之後，他就要求過陳儀（當時台灣最高行政長官），台灣是失土重歸，
又不是占領地，應該及早結束軍事管制，撤銷行政長官公署，成立省政府，實施地方自治，
並盡量起用台灣本省人。不過，陳儀方面全然無動於衷。
郭國基熱衷選舉，幾乎每屆都參加，晚年更以「賜我光榮死在議壇」為宣傳口號。
他在意當選與否，更在意選舉的公正性。1960年，台灣省議員改選，
他在台北市雖以最高票當選，但是為了抗議選委會舞弊，竟聯合落選人向高等法院提出告訴，
要求判決選舉無效。當選人控訴自己的選舉無效，這在當時是條大新聞，
在台灣政治發展史上也是十分罕見的事。

願光榮死在議壇的議壇大砲──郭國基

1900~1970.5.28

郭國基是台灣民主運動史上一名健將。他於1900年出生在屏東縣東港鎮。當他就讀私立台南長老教會中學（今長榮中學）時，開始對日本殖民政府起了反感，而萌生強烈的民族意識。

郭國基競選第4屆省議員時的影像。

留學東京時的郭國基。

1917年郭國基赴日留學，先進入青山高級中學，後入明治大學本部政治系。在日本留學時期，受到美國總統威爾遜「民族自決」主張的影響，參加「新民會」組織，並擔任《台灣青年》雜誌的編輯。1922年他加入了「台灣議會期成同盟會」，1923年，則參加「留學生文化講演團」，巡迴台灣全島演講。當時，他每每在台灣留日群眾聚會中，大談民族大義，語驚四座，絲毫不懼台灣總督府，林獻堂對他十分讚賞，便稱他為「大砲」。

1925年大學畢業後，郭國基曾到北京上書給當時的中華民國代總統黎元洪，希望中國大陸能幫助台灣人民對抗日本政府，但未獲得滿意答覆。

1926年，郭國基在東京因盛世才（後來的新疆王）之邀，加入國民黨，成為祕密黨員。1929年，他和日本籍鈴木久代小姐結婚，並決定返回台灣。

日本發動大東亞戰爭之後，他被捲入東港事件，遭到逮捕判刑，原判無期徒刑，後改為有期徒刑10年。入獄近3年後，就在1945年日本戰敗投降前，以健康因素保外就醫。

二次大戰後，郭國基開始踏入政壇，起先是擔任中國國民黨高雄市黨部黨務主委，1946年又當選高雄市參議會議員。之後他在由31位市參議員間接選舉的省參議員選舉中，被推為台灣省參議員。他曾向台灣行政長官陳儀建言撤銷長官公署，成立省政府，實行地方自治，並起用台灣本省人才。但陳儀並未採納。

郭國基與日籍妻子鈴木久代新婚不久時合影。

228事件發生後，

1925年，郭國基(右一)至北京，上萬言書謁見當時總統黎元洪(右二)。

郭國基曾入獄210天。出獄後他決定從此退出國民黨，並以「社會賢達」的身分問政。1949年，他在省參議會中，與當時的台大校長傅斯年展開激辯，不料傅斯年突發腦溢血當場去世。爲此，台大學生曾手拿布條，圍在省參議會門口，要求郭國基出面解釋。事後郭國基表示，「傅先生爲一代學人，值得崇敬……我願傅校長的英靈庇佑我，有一天引導我光榮死在議壇。」

郭國基非每次選舉皆告捷當選。1951年臨時台灣省議會成立，第1屆臨時省議員，他未能當選。1957年他由高雄轉到台北，方才當選臨時省議員。1960年他當選第2屆省議員，1963年則又落選。1967年，他罹患直腸癌，但1968年他仍當選第4屆省議員，並在1969年當選立法委員。

1970年(民國59年)，郭國基因直腸癌併發尿毒症，果如其願病逝於立法委員任內。

1969年郭國基（右3）當選立法委員，與其他當選之委員一起宣誓就職。

台灣

發行人：王阿舍　發行所：遠流舊聞社

舊聞提要

1.台灣全省投票選舉第3屆縣市長及臨時省議員。
2.美駐華大使藍欽針對美兵雷諾槍殺我公務員劉自然一

▲ 郭國基立於宣傳車上，時正於台北競選第3屆台灣省臨時省議員。

案，聲明「必有合理解決」。

3.省主計處統計，8年來物價上揚8倍。

4.省民防司令部以中共空軍隨時可能來襲，實施
　燈火管制。

讀報天氣：晴時多雲偶陣雨

被遺忘指數：●●●○

第3屆臨時省議員選舉
郭國基、李萬居等人當選

【本報訊】1957年4月21日，郭國基、吳三
連、李萬居、李源棧、郭雨新等無黨籍人
士，當選第3屆臨時省議員，成為日後省議
會的「議壇五虎將」。

　　1945年，台灣脫離日本殖民統治，國民
黨到台灣第一件事，便是成立「台灣行政長
官公署」。第二年，長官公署成立「台灣省
參議會」，美其名是「參議」，但實際上這些
參議員並不是人民投票所選出的，他們對於
政府的施政僅應「諮詢」，不能「立法」。

　　後來，台灣發生228事件，許多本土優
秀菁英消失，政治上瀰漫凝重氣氛，緊接著
的「清鄉」，更使得台灣本土人士噤口不談
政治；儘管1950年後，台灣開始舉辦有限度
的地方選舉，隨後成立「台灣臨時省議

▲ 於省議會中質詢的郭國基。

▲ 1969年郭國基競選增額立法委員時，立於宣傳車上
　遊街拜票。

▲ 1969年增額立法委員選舉
　時的助選員證，郭國基的助
　選員為兒子郭拔山擔任。

了「選舉改進座談會」，《自由中國》雜誌負責人雷震也與會其中。會中，郭國基另組新黨的建議，成為新黨組成最關鍵的一句話。

1960年9月，新黨籌組運動因雷震被捕而結束。郭國基、李萬居、郭雨新等人雖然繼續透過地方選舉的管道，進行在野批判，但一直到1970年代的「中壢事件」、「美麗島事件」，台灣的民主政治運動才又野火重燃。

會」，只是這時省議員產生的方式，仍是間接選舉（由各縣市議員互選出臨時省議員），加上中央民意機關如立法院、國民大會大多掌控在國民黨的外省籍人士手中，這時台灣的在野民主運動，呈現沉寂的狀態。

1954年，第2屆臨時省議會有了重大的改變，那就是省議員改由各縣市的公民直接投票選出。於是，一些具有民意基礎的民意代表，才開始在台灣政壇中展露頭角。他們大多是曾受過日本統治，曾對中國產生幻想，但又因228事件感到失望的本土菁英；李萬居、郭國基都是其中之一。

1957年4月，郭國基、郭雨新、李萬居、李源棧、吳三連等5位黨外人士當選第3屆臨時省議員，他們因為質詢時言而有物，認真負責，而被稱為議壇「五虎將」。這些擁有民意的地方菁英，在1960年雷震籌組新黨運動中，也扮演相當重要的角色，為60年代台灣民主運動，注入活力。其中，郭國基、李萬居因為厭惡選舉做票的歪風，甚至組織

▲ 郭國基競選立委時，於北港朝天宮舉行政見發表。

郭國基年表
1900~1970.5.28

1900
生於屏東縣東港鎮。

1908
就讀私立台南長老教會中學（今長榮中學）。

1917
赴日，進入東京青山高級中學就學，後入明治大學預科，再入本部政治系。

1920
參加「新民會」，同時擔任《台灣青年》雜誌編輯。

1922
加入了「台灣議會期成同盟會」。

1923
參加「留學生文化講演團」，巡迴台灣全島演講。

1925
赴北京上書給當時的中華民國代總統黎元洪。

1926
因盛世才介紹在東京加入國民黨，成為祕密黨員。

1929
和日本籍鈴木久代小姐結婚，並決定返回台灣。

1942
被捲入東港事件，遭到逮捕判刑，原判無期徒刑，後改為有期徒刑10年。

1945
日本戰敗投降前，保外就醫。

1946
當選高雄市參議會議員。之後被推為台灣省參議員。

1947
228事件發生後，曾繫獄210天，出獄後決定從此退出國民黨。

1951
臨時台灣省議會成立，未當選第1屆臨時省議員。

1957
由高雄轉到台北參選，方才當選臨時省議員。

1960
當選第2屆省議員，3年後則又落選。

1967
罹患直腸癌。

1968
當選第4屆省議員，並在第2年當選立法委員。

1970
5月28日因直腸癌併發尿毒症，病逝於立法委員任內。

【延伸閱讀】
⇨ 謝德錫，〈議壇大砲──郭國基〉，《臺灣近代名人誌》四，1987，自立報系。
⇨ 郭拔山，《郭國基選壇馳騁錄》，1977，高雄大舞台書苑。

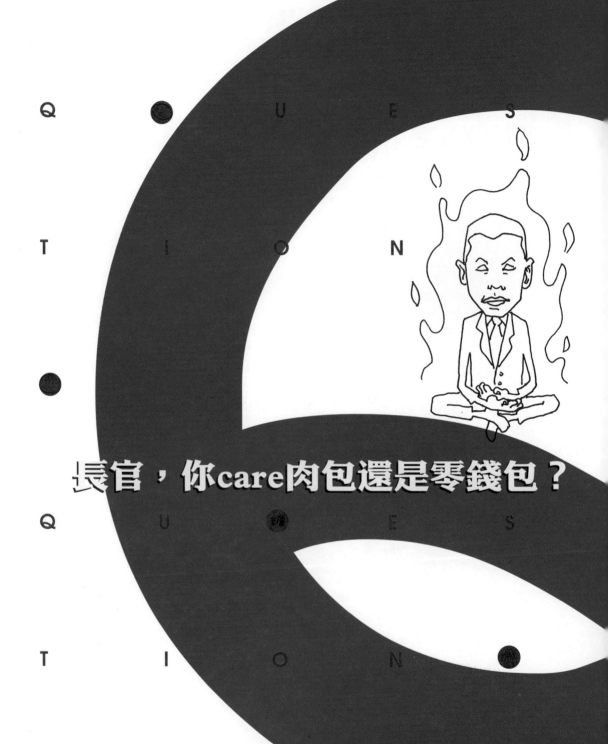

長官，你care肉包還是零錢包？

Q 戰後，省參議員王添灯曾經指責當時台灣最高行政長官陳儀不關心台灣同胞，而只關心**？**

1 台灣菜包

2 台灣肉包

3 台灣糖包

4 台灣錢包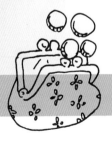

3^A 台灣糖包

1946年（民國35年）王添灯當選省參議員，在該次省參議會28天會期中，

發言81次、單獨提案13件、聯名提案5件，發言質詢時言詞咄咄逼人，

與林日高、郭國基等都是議會中著名的大砲型人物。

當時由於「資源委員會」涉嫌將台糖公司15萬噸的白糖，

無償轉移給「貿易局」運到上海出售，因而造成台灣糖價暴漲，台糖公司缺乏生產資金。

對此，王添灯曾經與林日高在議會中追究「資源委員會」。

王添灯並指責陳儀：「陳儀長官很關心台灣同胞，開口閉口台灣同胞！台灣同胞！

對長官的關懷，台灣同胞非常感激，但很不幸的，那些接收大員不是關心台灣同胞，

他們關心的是台灣糖包！」

爲228殉難的政治菁英——
王添灯
1901~1947

王添灯於文山茶行後院留影。

王添灯肖像。

王添灯，是在「228事件」中枉死的省參議員，1901年出生於台北安坑。父親務農爲業，種茶維生。

公學校畢業之後，王添灯沒有繼續升學，直接進入當時的新店庄役場工作；1929年，他辭去公職，投入「皇漢醫道復活運動」，致力於振興漢醫。除了創辦《漢文皇漢醫界》雜誌外，王添灯還向台灣總督府提出請願書，要求「漢方醫學生存續」，不過並未獲得顯著成果。兩年後，他在當時的港町一丁目15番地（今貴德街附近）開設「文山茶行」。當時的「文山茶行」不僅生意興隆，同時還是許多關心政治人士的集會場所。

台灣在二次大戰後，王添灯積極投入政壇，參加民意代表選舉。1946年他當選了省參議員，是當時省參議會中極爲活躍的一份子；此外，他還身兼《人民導報》的社長及《自由報》的創刊人。任《人民導報》社長期間，王添灯遭遇了一場官司——某天，高雄一地主搶割農民稻穀，引發農民與地主的衝突，高雄警察局出面處理、卻偏袒地主。王添灯知曉後，立即派記者南下高雄，披露此事。消息見報的兩天後，高雄警察局決定控告《人民導報》「誹謗名譽」。此案一審時，王添灯被判刑1年，罰款1,000元台幣，褫奪公權1年。他十分不服氣，找了30位農民的證詞

王添灯家族合影。前排左4為王添灯，前排左6為王太夫人許有。王夫人王黃七立於後排左4。

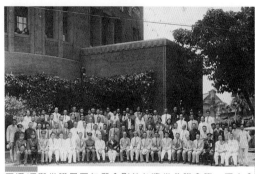

王添灯與省議員同仁們合影於台灣省參議會第一屆大會（1936.5.1）。

尋求上訴。王添灯在庭上對法官說：「地主與農民衝突，警察局只能進行調解，不該偏袒地主，迫害農民，甚至打傷農民。」後來，高雄警察局在自知理虧的情形下，撤銷對《人民導報》的控告，這場官司便不了了之。

於《人民導報》辦公室內工作的王添灯。

1947年，台北發生228事件，最後演變成全省的抗議衝突。王添灯向陳儀要求本省的政治改革，以責無旁貸的心情，極力奔走折衝，膺任「228事件處理委員會」發言人及宣傳組長一職，最後卻被陳儀下令捉走，之後遇害，死時僅46歲。

台灣

發行人：王阿舍　發行所：遠流舊聞社

舊聞提要

1. 因228事件，台北市商店關門、工人罷工、學生罷課，而中南部各市鎮也紛起騷動。
2. 官民共組「228處委會」，假中

▲ 228事件發生，台北火車站前的情景。

歷 史 報

山堂開會，並向陳儀提出省政改革等42項要求。
3. 陸軍第21師從基隆、高雄登陸，展開大規模鎮壓與屠殺；228處委會成員的省參議員王添灯被捕、遇害。
4. 國民政府二度宣佈台灣省戒嚴，並派白崇禧來台處理緝菸事件。

讀報天氣：雷陣雨
被遺忘指數：●

▲ 1947年《中國生活》雜誌的「台灣事件號外」專刊，報導了228事件。

王添灯 被捕、遇害
「228處委會」宣告解散

【本報訊】1947年3月9日清晨，「228事件處理委員會」宣傳組長，亦是現任省參議員王添灯，在睡夢中被憲兵拖走。據消息靈通人士表示，王添灯被嚴詞審訊、拷打成傷；最後遇害。

　　2月27日，省公專賣局查緝員在台北延平北路查緝私煙時，用槍管敲打一名販煙婦人林江邁的頭部。起初，民眾圍觀抗議，後來查緝員開槍示威、槍殺民眾。當時，本省人士對於行政長官陳儀的主政已十分不滿(陳儀來台後，物價飛漲，人謀不臧、官員貪污舞弊)，於是在這個事件的刺激下，演變為一連串抗官反軍警開槍鎮壓，與排外省人的暴

▲ 228事件當時，《台灣新生報》刊載了「228事件的經過」、228處理委員會、長官公署等新聞。

動事件。

▲ 刊載台灣228大慘案的華北輿論集。

為了處理政府與民眾之間的衝突與誤會，台灣省各級民意代表組成了「228事件處理委員會」，負責與政府交涉。時任省參議員王添灯被選為該會的發言人及宣傳組長，負責每天在會後發佈當天「處委會」的新聞公報，必要時還利用電台向全省廣播。

3月1日，王添灯等人向陳儀提出立即解除戒嚴令、開釋被捕市民等要求，陳儀一一允諾。3月3日，「處委會」商定地方的治安由憲警與學生青年組織治安服務隊來共同維持，而且巡邏的軍隊必須在當日下午撤回軍營。

在「處委會」積極與政府協調下，台灣各地的社會秩序逐漸安定，到了5日，台灣已全面恢復平靜。期間，「處委會」討論的議題從「血案」發展到「全面政治改革」層面，王添灯在民眾與國民黨之間運籌帷幄、冷靜沉著，成為重要人物；但陳儀一方面應付「處委會」，另一面卻私下向中央政府要求援兵。

3月6日，王添灯向中外廣播關於「228事件」真相，與32條要求，而陳儀在得知國民政府已派援兵的情況下，態度開始逆轉。3月7日，「處委會」又增列10條要求。傍晚，陳儀閱讀過這42條要求後，一反過去的態度，憤怒拒絕。隨後王添灯沉痛地表示：處委會的使命已經完成了，從今而後，這次事件已不能單由處委會來處理，只有全體省民的力量才能解決，希望全體省民繼續奮鬥。

8日上午，「處委會」派代表到公署謝罪，表示不再提任何要求；不過此時情治單位與警總早在台北進行部署。到了下午，國軍廿一師開抵台灣。隔天清晨，王添灯被憲兵捉走、遇害；10日，陳儀下令解散「228處理委員會」，並展開大規模的鎮壓與屠殺。

▲ 1947年，長官公署行政長官陳儀公佈「為實施清鄉告民眾書」。

新聞辭典

特殊的行政體制──行政長官公署

二次大戰後，國民政府不在台灣設立省政府，卻另設立行政長官公署。依照「台灣省行政長官公署組織條例」，行政長官公署對在台的中央機關有指揮監督的權力，可發布命令、制定規章，此外還兼任省警備總司令部。由此可見，行政長官是集司法、行政、軍事、立法大權為一身的領導者。

陳儀曾任福建省主席，又到過日治下的台灣考察「始政40年博覽會」，本身具有完整的政治背景，很得蔣中正的信任。因此，他成為國民政府特任行政長官的最佳人選。

王添灯年表
1901~1947

1901
生於台北安坑，父親務農。

1920
公學校畢業之後，白天進入新店庄役場工作，夜間在成淵中學上課，畢業後到台北市政府服務。

1929
辭去公職，致力振興漢醫，投入「皇漢醫道復活運動」，創辦《漢文皇漢醫界》雜誌。

1930
擔任「台灣地方自治聯盟」台北支部負責人。

1931
在港町一丁目15番地（今貴德街附近）開設「文山茶行」。
出版《台灣市街庄政之實際》一書，闡述台灣地方自治。

1946
當選省參議員，並兼任《人民導報》的社長。

1947
膺任「228事件處理委員會」發言人及宣傳組長。
3月9日遇害，死時46歲。

【延伸閱讀】
⇨ 李筱峰，《228消失的台灣菁英》，1990，自立報系。
⇨ 藍博洲，《幌馬車之歌》，1991，時報出版公司。
⇨ 行政院研究二二八事件小組，《二二八事件研究報告》，1994，時報出版公司。

只要ㄅㄠ一次，
保證high三天！

1 不明飛行物繞著
總統的頭打轉

2 政府機關的老鼠
又大又肥

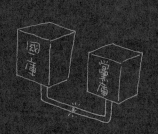

3 國庫通黨庫

4 台灣人過多

4 ^A 台灣人過多

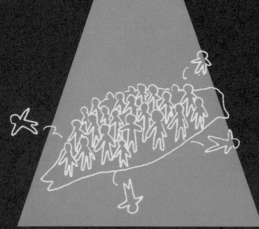

1947年李萬居創辦了《公論報》。這份民營報紙一向標榜翔實報導，
公正立論，對於政府施政多所批評，因此格外引起當局的「側目」。
1949年5月3日，《公論報》刊載了一篇由台灣大學陳正祥教授所寫的
〈生活水準與人口問題〉，指出台灣人口壓力很大，應該以多種管道進行解決，
尤其是節育，更應該作為控制人口成長的基本方法。
此後數年，陳正祥對此問題陸續有專文發表，而《公論報》也持續報導。
這樣的言論，在當時的政治環境裡，不啻為「大逆不道」之言。一來它和孫中山遺教
「增加國族人口」的主張相反，二來也有違當局「擴充戰力，準備反攻大陸」的政策。
於是1955年，當《公論報》再度報導台灣人口過多的問題時，就遭到了當局明白的打壓，
被迫停刊3天。

辦報紙、組新黨的
鹵莽書生——
李萬居
1901~1965.4.9

別號魯莽書生的李萬居。

李萬居，字孟南，別號魯莽書生，是台灣早年的報業聞人。1901年他出生於雲林縣口湖鄉，9歲喪父。18歲時，母親因繳不出水租而自殺，讓他從此痛恨日本人。20歲時，李萬居經人介紹到台中的糖廠擔任管理員，這段期間他接觸了文化協會，經常風雨無阻去聽文化演講。隔年，李萬居的一位堂弟身染重病，他得知消息後，立刻去探病、照顧。後來堂弟死去，李萬居還因日人怕他也感染疾病，於是被獨自關進草寮中，隔離四個多月。被關在草寮的期間內，李萬居起了念頭，想要離開台灣另求發展。

1924年，李萬居變賣家產、並在親友的資助下，到上海求學。幼時曾進過漢學私塾與公學校的他，經過自修後，於1925年考入上海民國大學，在國學大師章太炎、胡樸安的門下就讀。身為殖民地的子民，加上所處的時代惡劣，李萬居相當留意中國國勢的強弱，也接受大量的西方思潮。後來他加入了意識形態接近「國家主義」的「中國青年黨」。27歲時，又繼續到法國深造，專攻社會學，旁及文學。

1932年李萬居回到上海，一邊擔任教職，一邊埋首翻譯。1937年他應邀加入軍事委員會國際問題研究所工作，從事對日

在資金不足、改組風波下，
李萬居創立的《公論報》面臨休刊命運。

1957年臨時省議員任內，左起李萬居、郭雨新、許世賢、郭國基、吳三連、李源棧等人被被譽為「五龍一鳳」。

本軍事情報的搜集工作。二次戰後，李萬居回台接收新聞事業，並被聘為《台灣新生報》的首任社長。1946年，李萬居開始從政，擔任台灣省參議員。後來在臨時省議會的時代，他的質詢鏗鏘有聲，因而與郭國基、郭雨新、吳三連、李源棧並稱「議壇五虎將」。

1947年，《台灣新生報》改組，李萬居辭退職務，自辦《公論報》，持續揭示民主自由的精神，同時積極倡組新政黨「中國民主黨」，最後因同是新政黨籌組人雷震的「知匪不報」案牽連，中國民主黨最後未能成立。後來，《公論報》也因缺乏資金、改組人事風波等種種壓力下，1961年宣佈暫時停刊。

在籌組新政黨時，李萬居遭受打壓、恐嚇，身心面臨極大的壓力，加上糖尿病纏身，終於1966年，以糖尿病併發心臟病病逝在台大醫院，享年66歲。

台灣

發行人：王阿舍　發行所：遠流舊聞社

舊聞提要
1. 因改組風波和財務窘境，李萬居所主持的《公論報》宣佈暫時休刊。
2. 中華民國與南韓在漢城簽訂貿易協定，兩國外長並

政治力強行介入
公論報無奈休刊

【本報導】以報導翔實著名，發行量曾為全台第一的《公論報》，在歷經改組風波後，已於1961年3月3日遭法院查封，並在5日宣佈暫時休刊。該報創辦人李萬居先生表示：「《公論報》的官司是一件政治事件，政黨不應涉入私營報社所有權問題的漩渦裡……大家也都清楚，社會上連《公論報》的影子都不見了，更談不上對國家民族有什麼貢獻了。」

1947年10月25日創設的《公論報》，是現任省議員李萬居所創辦，由於報導翔實、立論公正，因此有「台灣大公報」的盛譽；1955年，該報因報導「台灣人口過多」，遭停刊3天，1960年則因刊登「海內外人士對雷震案的看法」，又受到主管當局的嚴重警告。

發表聯合公報。

3. 監察院決定對政府處理雷震案，提出糾舉
案。

4. 國軍、救災總部發起1人1元運動，並空投
糧食到中國大陸救災。

讀報天氣：陰雨

被遺忘指數：●●●●

▲ 1947年10月25日創刊的《公論報》曾是台灣發行量第一的民營報紙。

1961年，《公論報》資金週轉困難，決定增資重新組織公司，不料新股東舉行改組，李萬居被架空，報社新任總經理在未經李萬居先生同意的情形下，更動人事，雙方開始產生裂痕；新任社長張祥傳也向法院提出訴訟，請求判決李萬居先生將公論報發行權交還給公司。

這場官司中，李萬居敗訴，判決他必須繳出200萬元的擔保金，否則要交出公論報的產權。為了避免報社落入他人之手，李萬居透過公論報向讀者募集金錢，社會各界於是發動了一場援助公論報的捐款風潮。最後，儘管該報的官司可打至最高法院，但在內外因素夾逼下，李萬居3月5日宣佈休刊，結束它13年的生命。

▲ 李萬居曾任《台灣新生報》社長，1947年10月25日當《公論報》創立時，李萬居仍然擔任《台灣新生報》發行人。《新生報》之刊頭。

▲ 1961年公論報刊頭，此時社長已變為張祥傳。

▲ 1961年1月2日公論報刊出讀者捐助李萬居200萬擔保金之報導與名冊。

▲ 1961年1月22日公論報報導李萬居不服裁定案所提之抗告報導。

▲ 1961年2月22日公論報報導有關李萬居與張祥傳之民事訴訟的判決結果。

【延伸閱讀】

❖ 王文裕,《李萬居傳》,1997,台灣省文獻會。

❖ 謝德錫,〈辦報論政的魯莽書生──李萬居〉,《臺灣近代
名人誌》二,1987,自立報系。

財也空，名也空，
唯有佛陀在心中。

Q 革命僧林秋梧在出家以前，曾經做過什麼行業 **?**

1 屠鴨宰牛賣豬肉

2 口沫橫飛辯護士

3 巡迴電影工作隊

4 宇宙無敵大帥 ㄍㄨㄛ

3 ^A 巡迴電影工作隊

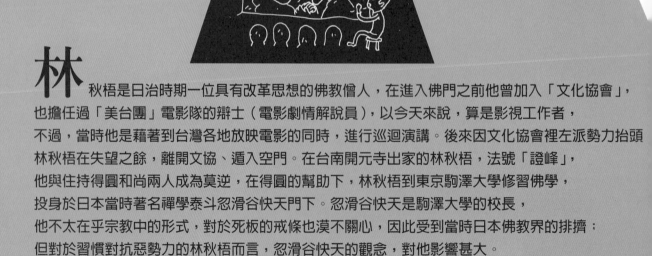

林秋梧是日治時期一位具有改革思想的佛教僧人，在進入佛門之前他曾加入「文化協會」，

也擔任過「美台團」電影隊的辯士（電影劇情解說員），以今天來說，算是影視工作者，

不過，當時他是藉著到台灣各地放映電影的同時，進行巡迴演講。後來因文化協會裡左派勢力抬頭

林秋梧在失望之餘，離開文協、遁入空門。在台南開元寺出家的林秋梧，法號「證峰」，

他與住持得圓和尚兩人成為莫逆，在得圓的幫助下，林秋梧到東京駒澤大學修習佛學，

投身於日本當時著名禪學泰斗忽滑谷快天門下。忽滑谷快天是駒澤大學的校長，

他不太在乎宗教中的形式，對於死板的戒條也漠不關心，因此受到當時日本佛教界的排擠；

但對於習慣對抗惡勢力的林秋梧而言，忽滑谷快天的觀念，對他影響甚大。

人物小傳

搞革命的和尚——
林秋梧
1903.8.2~1934.10.10

1927年赴日本前,台南地區友朋為林秋梧(中坐)送別。

穿著僧服的林秋梧。

林秋梧,1903年出生在台南,父親是水果小販,家境貧困。1911年,他進入台南第一公學校就讀,1918年,考入台灣總督府國語學校(今國立台北師範學院)。

艱困的成長背景加上喜歡打抱不平的個性,讓林秋梧從小就討厭日本人。在就讀於國語學校時,他經常批評日本人對台的殖民措施。1922年,林秋梧的同學由於走路靠右邊而遭到警察取締(當時規定行人走路靠左),林秋梧便出面指責日人處理不當;加上他之前曾經趁畢業旅行時,從東京攜帶《台灣青年》雜誌與社會主義思想書籍回台,引起校方

諸多不滿,最後林秋梧被迫退學。那時他距離畢業只剩11天。

輟學後,林秋梧曾到日本神戶就業,接著轉到廈門大學就讀哲學,接著因母親逝世返台。1925年,林秋梧在日人百般干擾、找不到工作的情形下,便到文化協會協助文化演講工作,並擔任「美台團」的電影辯士。1927年,文協分裂,林秋梧失望之餘轉入佛門,在台南開元寺出家,法號「證峰」。同年又到日本駒澤大學留學,投入當時日本禪學泰斗忽滑谷快天門下。

出家後的林秋梧並未因身分的改變,放棄他反抗帝國主義、反對殖民主義的目標。1929年,他開始提倡宗教改革運動,包括反對僧眾死守戒律、鼓勵出家人要走出寺

學生時期的林秋梧。

出家前林秋梧（左）與盧丙丁（右）、林瑞西（中坐）等人合影。

廟，吸收現代知識等等。1930年，他推動「反對普度運動」；而1934年他所著《佛說堅固女經講話》一書問世，主張婦女解放、男女平等，更引起大眾廣泛討論。或許是因為赴日留學，接觸更多的左翼書刊，也可能是因為左翼團體的激盪，這位曾因不滿文協左傾過激，而失望離開文協的證峰和尚，日後竟成為馬克思主義的追隨者。

1934年，正當林秋梧準備大刀闊斧改革社會的同時，卻不幸得了結核病，同年10月去世，結束他32年匆匆的一生。

駒澤大學校長，也是日本禪學泰斗忽滑谷快天。

台灣

發行人：王阿舍　發行所：遠流舊聞社

舊聞提要

1. 林秋梧、蔡培火、張亨寅等人在台南市武廟，舉辦「反對普度講演會」。
2. 全國盲啞教育會成立，舉行成立大會。

▲ 1930年8月4日反對普度講演會宣傳品。

▲ 反普特刊的宣傳海報。

3. 黃石輝發表「怎樣不提倡鄉土文學」。
4. 因不滿台灣民眾黨偏向勞工階級路線，蔡式穀等200多名右派人士另外成立「台灣地方自治聯盟」，公推林獻堂為大會議長。

讀報天氣：雷陣雨

被遺忘指數：●●●●○

宗教革命第1響　「反普度」開講

【本報訊】為了避免農曆7月民眾中元普渡的浪費，台南「赤崁勞動青年會」在1930年8月4日，於台南市武廟內舉辦一場「反對普度講演會」。講演會的講演人有張亨寅、蔡培火等人，而最受注目的，就是剛從日本駒澤大學畢業回國的革命僧林秋梧。

　　林秋梧呼籲大家破除迷信、表示中國的盂蘭盆會已經變質。林秋梧說，古代印度佛教盂蘭盆會的目的在於盡孝報恩；如今的中元節卻變成民眾求請佛大發慈悲、濟度陰間無所寄託惡鬼的機會。大家花鉅款，虛擲時間，以為只要例行普度，就是熱心虔敬的佛教徒。這種態度實在可笑。

　　除了反對普度，林秋梧還倡導其他宗教改革運動，例如：鼓勵出家人入世修行，希

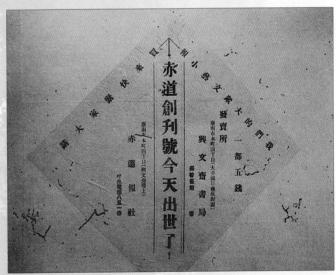

▲《赤道報》創刊時的宣傳品。

望僧眾能以積極態度自我去除「高等乞丐」污名；反對迷信神怪，認為當時的僧侶拘泥經文與「真有西方極樂世界」、「真有阿彌陀佛救濟一切眾生」，殊不知「阿彌陀佛」是佛陀為了開導人們所說的理想佛，並非真實的人物。

對林秋梧來說，「宗教改革」和「社會改革」是同一件事。他以佛教僧侶的身分，積極參與社會運動，還創辦了一份左翼的刊物《赤道報》；更令人驚奇的是，林秋梧還調和了一般人以為兩相牴觸的宗教與唯物論，把馬克思的觀點帶入佛教，並利用社會運動將佛教修行世俗化。林秋梧就這樣用他與眾不同的方式，進行宗教改革運動。

▲ 傳統宗教舉行法會的情景。

▲ 1931年建造的台南開元寺圓光寶塔，是林秋梧設計的，也是他去世後藏骨的地方。

▲ 日治時期的台北圓山護國禪寺

林秋梧年表
1903.8.2~1934.10.10

1903
8月2日出生在台南。

1911
入台南第一公學校就讀。

1918
考入台灣總督府國語學校。

1921
加入「台灣文化協會」。

1922
因為國語學校學潮事件，遭勒令退學。
年底赴日本神戶就業。

1923
離開神戶返台。

1924
進入廈門大學哲學系，並且於集美中學教書。

1925
母親逝世，回台奔喪。

1926
到文化協會協助文化演講工作，後兼任「美台團」電影辯士。

1927
文協分裂，失望之餘轉入佛門，在台南開元寺出家，法名「證峰」。
後赴日本駒澤大學留學，投入忽滑谷快天門下。

1930
推動「反對普度運動」。

1930
著書《佛說堅固女經講話》，提倡宗教改革。
10月10日去世。

【延伸閱讀】
⇨ 李筱峰，《台灣革命僧林秋梧》，1990，自立報系。
⇨ 李筱峰，〈「願同弱少鬥強權」革命僧──林秋梧〉，《臺灣近代名人誌》二，1987，自立報系。
⇨ 莊永明等，《島國顯影》第一輯，1993，創意力文化。
⇨ 江燦騰，《台灣佛教百年史之研究》，1996，南天書局。

飢餓始終來自於人性，
這也算一種邏輯？

Q 前台大教授殷海光，高中時非常喜愛一本外文書──
《邏輯基本》，後來竟把它 **?**

1 夾吐司吃

2 一張一張撕下來裱框

3 翻譯成中文

4 拿來墊桌腳

3^A 翻譯成中文

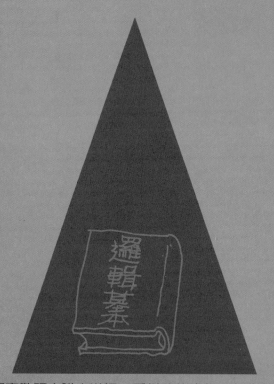

殷海光肖像。

殷海光高中時是個喜歡跟人講大道裡、愛辯論的少年。年少氣盛的他為了以理服人，四處尋找邏輯方面的書籍，甚至寫信給當時在清華大學教書的金岳霖教授，一起討論邏輯上的問題。金教授很快回信給殷海光，表示十分欣賞他的見解。受到這樣的鼓勵，殷海光更加積極學習邏輯與哲學，經常跑書店讀書。有一天，他訂到一本《The Fundamental of Logic》，如獲至寶，從頭到尾仔細讀完後，下定決心將它翻譯成中文。此時的殷海光只有17歲。儘管受到父親的反對和家人的嘲弄，殷海光仍不為所動；在歷經數十個一邊用木炭烤手、一邊翻譯大書的日子後，這本《邏輯基本》的「殷式中文版」終於完成。除了複雜的內文，殷海光還寫了一篇15,000字的〈譯者引語〉，對原著做了介紹與批評，並針對一般人、甚至是邏輯學者所誤解的邏輯提出澄清。兩年後，正中書局出版了這本書。

自由主義領航員——
殷海光
1919~1969

閱讀中神情專注的殷海光。

被譽爲「中國自由主義領港人」的殷海光，本名殷福生，生於1919年12月，湖北黃崗人。唸初中時，由於喜歡的功課成績很好、不喜歡的統統不及格，父親認爲他不堪造就，便送他到食品店當學徒。不過，殷海光認爲自己並不是當學徒的料，便又回鄉復學。

高一時，殷海光開始對邏輯與哲學產生興趣，當時他長於思辯，被人稱做「鬼才」；高二時他還不顧家人的反對，自修翻譯了一本外文書籍《邏輯基本》。高中畢業後，殷海光北上到北京，原本計畫進入清華大學讀書，但因七七事變之故，他又回到湖北家鄉。隔年，殷海光接到昔日啓蒙恩師金岳霖的來信鼓勵，到昆明就讀西南聯大哲學系，從此度過他七年快樂的學生歲月。此時的殷海光聰明、好強，特立獨行，極端擁護政府與國民黨，常與左派的學生唇槍舌戰。儘管如此，金岳霖老師「唯理是從」的治學態度，深深影響了青年時期的殷海光，成爲他自我期許的重要信念。

1946年，殷海光獲聘爲當時中國最具影響力的大報之一《中央日報》主筆，並在金陵大學當講師。這時候的殷海光，政治思想逐漸改變。過去他是個極右派人物，但自從接近國民黨核心後，他開始瞭解較多的事實眞相。1948年，東北淪陷、徐蚌會戰失利，殷海光因前往徐蚌會戰前線，發現了戰爭的殘酷與國民政府的腐敗。於是他在報上發表<趕快收拾人心>社論，期待政府盡速改革、遠離小人、用人唯才。此文道盡人民心聲，一夕之間，殷海光名聞全國。

1949年，殷海光隨著《中央日報》來到台灣；不久，他退出報界，進入台大擔任哲學系的講師，並開始參與胡適、雷震、傅斯年所創辦的《自由中國》雜誌。起初，殷海光只是《自由中國》的讀者，後來被延攬入社。1957年，《自由中國》登出他所寫的<今日的

於台灣大學授課時的殷海光。

在殷家花園中，親自動
工砌水池的殷海光。

問題＞社論，引起多方爭論，後來竟然成為雜誌禁刊、雷震被關的莫須有罪證。

殷海光堅信自由主義，他曾說：「一個思想家的責任，就是告訴群眾如何不受騙。」雷震案後，他曾積極筆援雷震，但囿於當時政治環境，只得罷手不再撰寫政論文章。失去《自由中國》這個耀眼的舞台，殷海光選擇在《文星》雜誌中發表他對自由、民主的剖析。他專心研究學術，但還是躲不過有心人士的曲解與嘲弄，硬生生將他捲入「中西文化論戰」的漩渦之中。

1966年，殷海光被迫離開台大，生活陷入困境。幸虧當時有多名學生出面幫忙，他的生活才獲紓解。期間，他曾一度計畫赴美謀

殷海光與女兒文麗。

生，卻因政府遲遲不肯批准而無法成行。

1967年，殷海光罹患胃癌，兩年後與世長辭。

發行人：王阿舍　發行所：遠流舊聞社

舊聞提要
1. 省政府預定動員1,700多萬國民義務勞動，從事築路造產的工程。
2. 第四期榮民授田典禮在台北舉行，共有802位榮民獲贈

幽靈文章造成雷震下獄？

【本報訊】一個多月前(9月4日)，涉嫌叛亂罪，被警備總部逮捕的《自由中國》雜誌負責人雷震，今天被判有期徒刑10年，罪名為「為匪宣傳」，罪證是曾散佈「反攻無望論」與「知匪不報」。

根據警備總部的說法，雷震是因為3年前一篇刊登在《自由中國》的社論＜反攻無望論＞，才被以涉嫌叛亂罪逮捕，而這篇＜反攻無望論＞是由雜誌主筆殷海光所撰寫。不過，在本報記者私下查訪之下，現況與事實卻有出入。據了解，殷海光從來沒有寫過一篇名為＜反攻無望論＞的文章，也就是說，《自由中國》根本從未發表過一篇名為＜反攻無望論＞的社論。

此事得從3年前，也就是1957年8月1日

歷史報

1960年10月8日　穿越時空　獨漏舊聞

土地、財產。

3. 為改進中小學教育，台北市決定試辦「省辦高中、市辦初中」。

4. 警備總司令部軍事審判庭以雷震知匪不報，處刑10年。

讀報天氣：多雲

被遺忘指數：●●●●

▲ 殷海光與自由中國同仁雷震等人合影。

▲ 殷海光於自由中國上所寫的社論〈今日的問題是什麼，就說什麼〉。

說起。當時殷海光開始在《自由中國》社論中提出一系列的＜今日的問題＞，內容針對目前台灣社會、政治、經濟問題提出建議，例如在＜是什麼就說什麼＞一文中，殷海光認為政府常利用「國家利益」、「非常時期」、「基本國策」等說詞隱藏真相、不敢說真話，還以「政黨就是政府」欺瞞民眾；還有＜小地盤、大機構＞一文中，他指出中央政府實際統轄的區域只有台灣地區，但行政部門卻仍維持中國大陸時期的規模，這樣不僅浪費人力物力，也妨礙了行政效率，因此主張政府機構應大幅縮減、裁併。

＜今日的問題＞系列共提出15個問題，篇篇文風犀利、一針見血，引起廣大震撼，其中又以＜反攻大陸問題＞此篇最受人注目。殷海光認為，根據台灣目前所處的國際形勢，與人口、資源的多寡，反攻大陸的可能性「在相當時期內並不大」，他希望政府與人民不要抱著馬上回中國大陸的心理，因為這種心態會影響人們做事不徹底；國家需要的是實事求是、持久漸進、實質反共，身處在台灣的人民應做長遠、實質的打算。

這篇＜反攻大陸問題＞，一刊出即受到國民黨當局的立即圍剿，「反攻大陸問題」也被有心人士誣指為「反攻無望論」；而3年後的今日，這項莫須有的指控，竟成為羅織雷震入獄的罪名，實是當初始料未及。

▲ 殷海光於自由中國上所寫的社論＜今日的問題——反攻大陸問題＞。

▲ 低頭思考中的殷海光（1962年）。

▲ 殷海光於1969年與友人輕鬆聊天情景，同年9月，因胃癌過世。

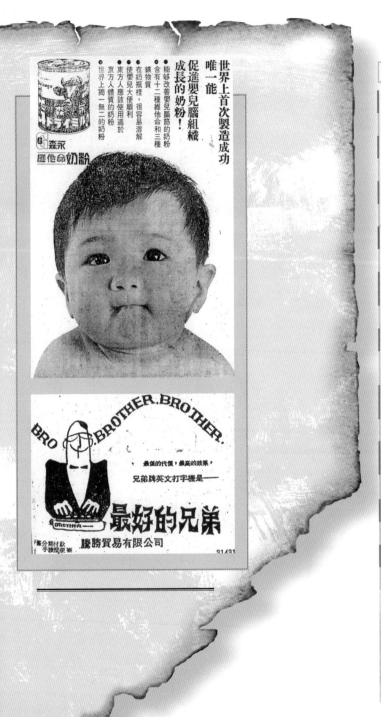

殷海光年表
1919.12.5~1969.9.16

1919
12月5日生於湖北黃崗，本名殷福生。

1930
入初中就學。

1932
成績不佳，父親送他到漢口的一家食品店當學徒。

1933
自認為不是當學徒的料，後來回鄉復學。

1935
高二，自修翻譯《邏輯基本》一書。

1937
正中書局出版《邏輯基本》。

1938
入昆明西南聯大哲學系就讀。

1942
進入清華大學哲研所。

1944
響應國民政府「十萬青年十萬軍」，投筆從戎到印度受訓。

1946
獲聘為《中央日報》主筆，並在金陵大學當講師。

1948
發表〈趕快收拾人心〉社論，名聞全國。

1949
隨著《中央日報》遷到台灣。參加《自由中國》雜誌，並在台大哲學系教授邏輯等課程。

1957
《自由中國》登出他所寫的〈今日的問題〉系列社論，後來成為雜誌被禁刊、雷震被關的莫須有罪證。

1960
雷震案後，曾積極筆援雷震。

1961
不再撰寫批評台灣社會政治的文字，專心研究學術。捲入「中西文化論戰」的漩渦之中，最後離開台大。

1967
罹患胃癌。

1969
9月16日去世。

【延伸閱讀】
⇨ 殷夏君璐等，《殷海光紀念集》，1990，桂冠。
⇨ 《中國自由主義的領港人——殷海光先生紀念集》，1981，四季出版公司。
⇨ 李豐楙編，《當代台灣俠客誌》，1993，台北延平扶輪社。

我17歲，我跟學校說bye-bye！

Q 曾因起草＜台灣自救宣言＞而入獄的魏廷朝，據說讀高中時，
不願加入什麼組織，竟休學在「家裡蹲」唸書 **?**

1 美少男俱樂部

2 失戀陣線聯盟

3 愛國陣線聯盟

4 青年反共救國團

4 ^A 青年反共救國團

魏廷朝肖像。

在 1950年以後的台灣反對運動重要人士中，魏廷朝是最常被人忽略的一位。
他曾因起草〈台灣自救宣言〉、又被誣指主導美國新聞處爆炸事件，以及參與美麗島事件，
而3度被捕，然而當這些事件被平反後，魏廷朝卻並未像其他相關政治人物般，
享受隨之而來的政治光環。魏廷朝在年少時就展現出他的政治理念。
1952年當他就讀台北市的成功中學時，擔任國防部總政治部主任的蔣經國，
為了加強學生的愛國教育，成立了「青年反共救國團」，並硬性規定學生參加。
17歲的魏廷朝由於不願意配合學校政策加入，自動辦理休學。他一邊在家唸書、
一邊擔任楊梅國小夜間識字班的老師，以貼補家用，
直到1954年才以同等學歷資格，考取台灣大學法律系。

人物小傳

戰後反對運動的人格者——
魏廷朝
1936.3.27~1999.12.28

　　魏廷朝，1936年出生在桃園八德鄉。他的父親是位小學教員，對日本統治台灣極為憂憤，便將兒子取名「廷朝」，朝廷的顛倒，意為「顛倒朝廷」。

　　台灣大學法律系畢業後，魏廷朝曾當過國防部作戰情報研究室的研究員，後來，因蔣中正喜歡抽考「作戰情報」，使得研究室惡補氣氛瀰漫，魏廷朝於是選擇離職；1962年他進入外匯貿易審議委員會，後來又因拒絕讓不肖廠商通過檢驗，而與長官交惡離職。

　　在這之前，魏廷朝已開始在《文星》雜誌上發表文章；他文采出眾，引起殷海光等學者注意。殷海光繼而將魏廷朝的文章介紹給彭明敏。

　　1954年，

1947年就讀國小六年級時，魏廷朝參加演講比賽獲得桃園縣第一名。

魏廷朝以同等學歷考取台灣大學法律系，結識了同班同學謝聰敏、蔡同榮、施啟揚，以及老

1954年魏廷朝和恩師合影，左1為劉慶瑞，右3為彭明敏。

師劉慶瑞、殷海光與彭明敏等人。1960年代初期，台灣的國際地位岌岌可危，儘管身為聯合國會員國，與美國、日本也還有邦交，但面對中國大陸急欲取代我國、爭取中國代表權的情形下，台灣日漸受到威脅。為此，魏廷朝、謝聰

婚後半年，魏廷朝與夫人張慶惠、未滿周歲的長子新奇。

敏與彭明敏，共同起草了一篇7000多字的〈台灣自救宣言〉，文中除了批判蔣家獨裁外，並建議中華民國應制定新的憲法、建立新的國家，重新加入聯合國。

　　1964年9月，這份宣言才剛印好，還沒對外發送，魏廷朝3人就被逮捕，分別被判刑8~10年。魏廷朝刑期8年，實際坐牢4年。3人出獄後，依舊受到國民黨的嚴密跟監。1971年，彭明敏偷渡到瑞典，國民黨覺得臉上無光，便誣指魏廷朝涉嫌台南美國新聞處爆炸事件、指揮全台暴動，魏廷朝再度入獄，此時與他一同坐牢的，還有

1992年，魏廷朝夫妻與許信良於反核大遊行中合照，之後因理念差距漸行漸遠。

李敖。1979年，魏廷朝因「美麗島事件」而第3次身陷囹圄。

9年後，魏廷朝出獄，這年政府宣佈解嚴，實施國安法與開放對中國大陸探親。在江鵬堅（美麗島事件辯護律師，首任民進黨主席）的介紹下，魏廷朝加入民進黨。1994年，他積極投入客家文化活動。

除了奮鬥台灣民主運動外，魏廷朝的英、日文造詣極高，1988到1990年他曾在日本的大學教授中文，後來又曾翻譯多部國外名著，也曾受國史館委託，翻譯《霧社事件》等多本書籍。

1999年12月28日，魏廷朝在一次例行的晨跑中，因心肌梗塞病逝，享年65歲。

1994年8月25日台灣自救宣言30週年紀念會，左1為魏廷朝，中為彭明敏，右為謝聰敏。

台灣

發行人：王阿舍　發行所：遠流舊聞社

舊聞提要
1.《美麗島》雜誌社在高雄舉行集會遊行，引發警民衝突。
2.海外從事台灣獨立運動人

一束火把六年牢

【本報訊】1979年12月10日高雄市爆發了美麗島事件，這是自「雷震案」、中國民主黨組黨失敗，以及「中壢事件」後，台灣地區影響力最大的一次政治改革運動。

1970年代，台灣政治與外交處境面臨新的局面——包括退出聯合國、與日本及美國等斷交、蔣中正逝世、蔣經國開始起用台灣本土人士……等，政局出現前所未見的變數。戰後一些新生代的知識分子，與受到雷震與《自由中國》雜誌影響的學者和政治人物也慢慢崛起，他們有的成為所謂「黨外」人士，有的則透過文字來改革政治。這時的台灣，正悄悄醞釀著一場驚天動地的運動。

1977年11月19日，台灣舉行了地方自治後最大規模的「5項地方公職人員」選舉，黨外立委康寧祥、黃信介趁著巡迴演講而串連全島黨外勢力，而許信良也退出國民

歷史報

1979年12月31日 穿越時空　獨漏舊聞

士，宣佈成立「台灣建國聯合陣線」。

3. 財團法人台北愛樂交響樂團基金會宣佈解散台北愛樂交響樂團。

4. 中華民國與美國之共同防禦條約失效。

讀報天氣：雷陣雨
被遺忘指數：○

▲ 美麗島雜誌創刊號。

魏廷朝為美麗島第三度進監

▲ 美麗島雜誌社成員合影。後排右5為魏廷朝。

▲ 美麗島事件時鎮暴部隊發射催淚瓦斯。

▲ 美麗島事件的義務辯護律師群合影。

▲ 美麗島事件後的軍法大審。前排為黃信介、姚嘉文、林弘宣，後排為張俊宏、陳菊、施明德、呂秀蓮。

黨獨立參選桃園縣長。就在選情激烈的情況下，中壢爆發群眾為了抗議投開票所舞弊而包圍警察局的「中壢事件」；1978年，美國宣佈將與我國斷交，當年的民代選舉因而取消；到了1979年8月，《美麗島雜誌》創刊，黨外人士大張旗鼓宣傳造勢，並獲得民眾熱烈參與，使得黨外與國民黨之間的關係日漸緊繃，《美麗島》雜誌社的服務處也多次受到不名人士的破壞。

同年12月9日，發生為宣傳「世界人權日」紀念活動而外出的義工被警察逮捕、刑求的「鼓山事件」。翌日，也就是世界人權日當天，高雄地區警備司令部宣佈：冬令宵禁提早於當天實施，街頭則出現罕見的鎮暴車。為了因應當晚的遊行民眾，鎮暴部隊上街嚴陣以待。到了晚上，一場激烈的警民衝突果然爆發，衝突中，多位警民掛彩；3天後，警備總部開始全島大搜查，陸續逮捕黃信介、林義雄、姚嘉文、呂秀蓮、陳菊、張俊宏、林弘宣、施明德等人，這便是美麗島事件。

這個喧騰國際的美麗島事件，除了8名主要被告分別被判無期徒刑及12年以上有期徒刑外，更有眾多受牽連者。當時擔任《美麗島雜誌》編輯的魏廷朝，只因為在12月10日南下到高雄參加人權活動，並在活動中拿了火把，也被判刑6年。這是繼＜台灣自救宣言＞事件、美新處爆炸事件後，魏廷朝第3度入獄。

▲ 美麗島事件發生後，海外台灣同鄉抗議國民黨鎮壓，但卻得以面具保護自己。

▲ 1980年，魏廷朝的妻子張慶惠(左1)，與許榮淑、艾琳達等人到土城看守所探望因美麗島事件被囚的魏廷朝。

▲ 1987年5月26日魏廷朝出獄，大批人群迎接。

【延伸閱讀】

⇨ 新台灣研究文教基金會,《暴力與詩歌──高雄事件與美麗
島大審》,1999,時報出版。

近代台灣史對照世界大事年表

莊永明 編撰

台灣大事

～西元1600年

1544年（明嘉靖23年）
* 葡萄牙海員初航台灣近海，讚美台灣為「福爾摩沙」
  （美麗之島）。
1580年（明萬曆8年）
* 西班牙耶穌教會傳教士遇風船破，
  漂至台灣西岸。

排灣族勇士的佩刀和木製
刀鞘，上有精美雕刻。

清兵戴的帽盔。

西元1601～1700年

1604年（明萬曆32年）
* 荷蘭人抵澎湖，被明將沈有容逐出。
1621年（明元啓元年）
* 顏思齊、鄭芝龍率眾來台，屯住在魍
  港（今布袋港）的內海四周。
1622年（明元啓2年）
* 荷蘭人占領澎湖。
1624年（明天啓4年）
* 荷蘭人撤離澎湖，占據台灣島。設「荷屬東印度公司台灣分
  館」。
1626年（明天啓6年）
* 西班牙人到達台灣最東點，將此地命名Santiago（三貂角）。
* 西班牙人進占北台灣（基隆和平島）。
1628年（明崇禎元年）
* 福建發生飢荒，民眾生活困苦，
  鄭芝龍召募移民到台灣。
* 西班牙人建聖多明哥（San Domingo）城。
1634年（明崇禎7年）
* 熱蘭遮城竣工，即今安平古堡。
1642年（明崇禎15年）
* 荷蘭與西班牙在台進行戰爭，西班牙
  戰敗，荷蘭人獨霸台灣。
1642年（明崇禎15年）
* 荷蘭與西班牙在台進行戰爭，西班牙
  戰敗，荷蘭人獨霸台灣。

台灣早期婦女用的錫製粉盒，
多為八角形、一組三層。

國際大事

1543年
* 哥白尼聲稱地球及其他星球以一定軌道繞著太陽旋轉。
1555年
* 德國簽訂奧格斯堡宗教和約，宗教戰爭結束。
1557年
* 葡萄牙在中國澳門設立商行。
1569年
* 麥卡托利用現今仍使用的投影法，製造出新的世界地圖。
1573年
* 馬鈴薯從秘魯引入歐洲。
1588年
* 英國艦隊擊敗西班牙無敵艦隊。
1590年
* 莎士比亞開始從事劇本的寫作。
1600年
* 英國設立東印度公司。

1603年
* 日本德川家康取得政權，創建江戶幕府。
1604年
* 法國開始在北美殖民。
1606年
* 伊斯坦堡的藍色清真寺動工。
1607年
* 英國開始在北美殖民。
1608年
* 撒母耳·德·尚普蘭在加拿大建立魁北克城。
1609年
* 德國刻卜勒發現行星運行規則。
1618年
* 歐洲30年戰爭爆發（——1648年）。
1619年
* 哈維著手研究血液循環系統。
1623年
* 德國發明第一個機械計算機。
1624年
* 最原始的潛水艇在英國泰晤士河展示。
1628年
* 英國國會提出權利請願書。
1632年
* 印度修築泰姬瑪哈陵。
* 伽利略支持「太陽中心」說。

民間煮賣吃食的攤子。下方可裝
火爐，上方兩個橫架中間可穿過
扁擔，讓商人挑著到處做生意。

台灣大事

1652年（明永曆6年）
• 郭懷一約集漢人起事抗荷。
1653年（明永曆7年）
• 荷蘭人創建普羅民遮（Provintia）城，即今赤崁樓。
1661年（明永曆15年）
• 鄭成功率部眾25,000人渡海與荷蘭激戰。
• 鄭成功「改赤崁地方爲東都明京，設一府三縣」。
1662年（明永曆16年）
• 荷蘭人獻熱蘭遮城向鄭成功投降。
1664年（明永曆18年）
• 鄭成功兒子鄭經在台建立「東寧王國」。
1666年（明永曆20年）
• 台南孔廟創立，爲台灣第一座文廟。
1683年（清康熙22年）
• 清派施琅攻台，鄭克塽投降，東寧王國滅亡；清廷開始統治台灣。
1684年（清康熙23年）
• 施琅呈清廷〈恭呈台灣棄留疏〉，分析台澎不可割。
• 清廷頒佈台灣渡海禁止令。
1686年（清康熙25年）
• 客家集團入墾下淡水溪地區。
1694年（清康熙33年）
• 台北盆地發生大地震，部分地域陷落，形成「台北大湖」（又稱康熙大湖）。
1697年（清康熙36年）
• 郁永河來台採硫磺，在台7個多月，寫下《裨海紀遊》。
1700年（清康熙39年）
• 笨港居民合建天妃廟，祀奉媽祖(今北港朝天宮)。

西元1701～1800年

1708年（清康熙47年）
• 泉籍墾拓團體「陳賴章墾號」開拓「大佳臘」(今台北平原)。
1719年（清康熙58年）
• 施世榜引濁水溪之水築施厝圳，即「八堡圳」，受惠地區占彰化平原大半。
1721年（清康熙60年）
• 「鴨母王」朱一貴抗清，幾占有全台。
1723年（清雍正元年）
• 台灣知縣周鐘瑄創建木柵，是爲台灣建府城之濫觴。
• 粵籍墾戶張達京與岸裡社土官潘敦仔訂立「割地換水」合約，合作開發台中盆地。
1779年（清乾隆44年）
• 「台灣第一座燈塔」澎湖漁翁島燈塔（今西嶼燈塔）竣工。
1784年（清乾隆49年）
• 鹿仔港（鹿港）與福建莆田的蚶江通航，成爲台灣中部要港。
1787年（清乾隆52年）
• 林爽文率眾革命，被推爲大盟主，建元「順天」。
1790年（清乾隆55年）
• 褒忠義民廟落成，此廟爲全台客家信仰中心。
1796年（清嘉慶元年）
• 吳沙率漳、泉、粵三籍移民入噶瑪蘭（今宜蘭）開墾。

國際大事

1632年
• 印度修築泰姬瑪哈陵。
• 伽利略支持「太陽中心」說。
1636年
• 法蘭德斯和荷蘭藝術達到顛峰期。
1642年
• 英國爆發清教徒革命（——1646年）。
1644年
• 滿清皇朝開始統治中國。
1649年
• 英國國會處死英王查理一世，宣佈共和。
1650年
• 德國發明真空幫浦。
1656年
• 荷蘭發明鐘擺時鐘。
• 羅馬聖彼得廣場完工。
1666年
• 倫敦大火。
1675年
• 牛頓做靜電實驗。
1688年
• 英國光榮革命。
1689年
• 英王威廉3世接受議會所提出的權利法案。
1699年
• 俄國彼得大帝著手西化改革。

早期抽水用的幫浦，現在鄉下偶而仍可見。

1701年
• 普魯士王國建立。
1709年
• 義大利發明鋼琴。

水龜。內可裝冷水或熱水，睡覺時抱著消暑或取暖。

1712年
• 英國發明蒸汽引擎。
1714年
• 德國人發明水銀溫度計。
1727年
• 巴西開始種植咖啡。
1733年
• 在秘魯的雨林中發現天然橡膠。
• 英格蘭發明機械織布。
1740年
• 普魯士國王腓特烈大王即位。
1741年
• 白令發現白令海峽。
1751年
• 法國出版世界第一部百科全書。
1752年
• 富蘭克林發明電導體。
1757年
• 坎貝爾發明六分儀。

早期熨斗（左邊水瓢型的爲清代用品，右側船型的爲日治時期用品）。

台灣大事

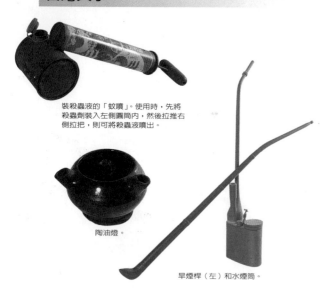

裝殺蟲液的「蚊噴」。使用時，先將殺蟲劑裝入左側圓筒內，然後拉推右側拉把，則可將殺蟲液噴出。

陶油燈。

旱煙桿（左）和水煙筒。

國際大事

1766年
• 法國航海家布干維爾前往大溪地探險（——1769年）。
1768年
• 英國航海家科克完成3次太平洋探險旅行（——1778年）。
1769年
• 英人瓦特改良蒸汽機成功。
1775年
• 美國爆發獨立戰爭（——1783年）。
1776年
• 北美13州發表獨立宣言。
1777年
• 拉瓦謝證明空氣的主要成分是氧和氮。
1780年
• 歌德開創了藝術與文學上的浪漫風潮。
1787年
• 美國制定新憲法。
1789年
• 法國大革命爆發。
1800年
• 伏特發明電池。
• 康斯坦伯首開戶外繪畫的風潮。

電土燈（左）和電土填料（右）。

西元1801~1900年

1810年（清嘉慶15年）
• 閩浙統督方維甸奏請將噶瑪蘭（今宜蘭）納入版圖，將廳治設在五圍（今宜蘭市）。2年後，大清帝國正式收為領土。
1824年（清道光4年）
• 艋舺（萬華）因河運發達，地位日漸突出，與台灣府（台南）、鹿港，並稱「一府二鹿三艋舺」。
1831年（清道光11年）
• 姜秀巒與周邦延等合資成立「金廣福」拓墾團體。
1858年（清咸豐8年）
• 台灣開港。「天津條約」正式將台灣（安平）、滬尾（淡水）列為通商港口。
1861年（清咸豐11年）
• 台灣第一座「天主聖殿」——屏東萬金天主堂（赤山天主堂）建立。
1862年（清同治元年）
• 中部豪紳戴潮春領導八卦會黨民眾抗清。
1863年（清同治2年）
• 打狗（高雄）、雞籠（基隆）開放為通商口岸，作為安平與淡水的附屬港。
1865年（清同治4年）
• 英商杜德(John Dodd)來北台調查茶葉產銷市場，促使台灣製茶業大興。
• 蘇格蘭宣教士馬雅各一行人在府城看西街開始傳教與行醫。
1872年（清同治11年）
• 加拿大傳教士馬偕抵滬尾（淡水），以台灣北部做為教區。
1874年（清同治13年）
• 日本政府藉54名琉球人在南台灣被原住民殺害，揮軍犯台，史稱「牡丹社事件」。

1803年
• 特里維西克發明蒸汽火車頭。
1804年
• 拿破崙成為法國皇帝。
• 位於尼日與奈及利亞的索科托帝國建立。
1805年
• 特拉法加海戰：英國戰勝法國。
奧斯特里茨戰役，法國擊敗奧地利和俄國。
1806年
• 神聖羅馬帝國亡。
• 普法戰爭，普魯士被法國打敗，法國占領柏林。
1807年
• 美國人富爾敦發明汽船
1812年
• 拿破崙遠征俄國失敗。
• 英人史蒂芬生製造火車。
• 法俄戰爭：俄羅斯戰勝法國。
1814年
• 歐洲各國聯軍攻陷巴黎，拿破崙帝國瓦解。
• 維也納會議（——1815年）

草鞋。

1815年
• 俄、普、奧3國組織「神聖同盟」，英、俄、普、奧則結成「4國同盟」。
• 滑鐵盧戰役：法國戰敗，維也納會議重新畫分整個歐洲。
1816年
• 拉丁美洲各國紛紛獨立。
1821年
• 法拉第發明電動馬達。

台灣大事

1877年（清光緒3年）
- 丁日昌以台灣府治（台南）為起點，架設線路。

1884年（清光緒10年）
- 台灣第一所女學校——淡水女學堂開學。
- 清法戰爭，法軍攻打澎湖、基隆、淡水；法軍司令官孤拔病死於澎湖。
- 台北府城竣工，施工期為2年10個月（1882年元月動土）。

1885年（清光緒11年）
- 台灣第一份民間報紙——《台灣府城教會報》（今基督教長老教會《教會公報》）創刊。
- 台灣建省——福建省台灣道升格為「台灣省」，設巡撫衙門。劉銘傳任第一任巡撫。

1886年（清光緒12年）
- 劉銘傳清丈全台田畝，整理台灣土地和賦稅。

1887年（清光緒13年）
- 「台東直隸州」設於卑南。
- 「全台鐵路商務總局」成立，開始興築鐵路。

1888年（清光緒14年）
- 台灣郵政開辦，廢除驛站舊制。

1891年（清光緒17年）
- 英國傳教士甘為霖在台南洪公祠開設訓瞽堂，為台灣第一所盲人學校。

1895年（日明治28年）
- 清、日簽訂馬關條約，割讓台灣。
- 「台灣民主國」宣告獨立，國號「永清」，不久即解體。
- 日軍登陸澳底，強行接收台灣。
- 台灣總督樺山資紀宣告始政，於台北城舉行始政典禮。
- 日軍占領台南，台灣民主國滅亡。

1896年（日明治29年）
- 「反抗此兵」陳秋菊、胡阿錦等反攻台北城。
- 「六三法」公佈，台灣由軍政改實施民政。
- 英籍衛生顧問巴爾頓來台，從事上、下水道（自來水與排水溝）公共衛生建設。
- 「台灣住民戶籍調查規則」公佈該日起編製戶籍簿。此為台灣戶口調查的起始。

1897年（日明治30年）
- 「圓山貝塚」發現。
- 明治天皇諭令，將台灣第一高峰玉山改稱「新高山」。

1898年（日明治31年）
- 「台灣地籍規則」和「土地調查規則」公佈。
- 「保甲條例」公佈；屬行連坐法，以防台民抗日。
- 「匪徒刑罰令」公佈。此為日本殖民政府對武裝抗日台灣人所作的報復。

1899年（日明治32年）
- 台灣第一座自來水工程「滬尾（淡水）水源地」正式竣工供水。
- 「台灣總督府醫學校」創立。
- 「台灣下水道規則」公佈。
- 台灣銀行正式營運；準備金為五百萬日圓。

1900年（日明治33年）
- 台北大稻埕區長黃玉階提倡「天然足會」，推動廢纏足運動。
- 「台灣度量衡條約」公佈。
- 台南到打狗（高雄）的鐵路通車。

國際大事

1823年
- 美國發表門羅宣言。

1830年
- 希臘獨立。

木匠使用的墨斗。

1834年
- 波耳人先後建立納塔爾、奧倫治和德蘭士瓦自由邦（——1839年）。
- 首座電動機問世。
- 慕尼黑古道雕塑展覽館為第一座專為博物館設計的建築物。

1839年
- 鄂圖曼帝國蘇丹王阿卜杜拉‧逸吉德進行改革（——1861年）。

1840年
- 英國發明郵票。

1842年
- 美國醫師朗恩第一次在手術使用麻醉劑。

1846年
- 第一次工業危機。

1848年
- 美國加利福尼亞發生淘金熱。

1850年
- 洪秀全起事反清，建「太平天國」。

1851年
- 英國倫敦舉行世界博覽會，會場設在新建成的水晶宮。

1852年
- 法國拿破崙3世稱帝。

1853年
- 美艦隊至日本，要求通商。

1854年
- 克里米亞戰爭爆發。

1857年
- 印度的傭傭兵叛變，蒙兀兒帝國結束（——1858年）。

1859年
- 達爾文《物種原始論》出版。

1860年
- 紐西蘭毛利人對抗殖民者。
- 加里波底征服義大利。

1861年
- 美國爆發南北戰爭（——1864年），最後林肯領導的北方獲勝。
- 義大利王國正式成立。俄沙皇歷山大二世廢除奴隸制。

1862年
- 俾斯麥出任普魯士的首相。

1863年
- 美國林肯總統頒佈釋奴令。

1864年
- 國際紅十字會成立。

1865年
- 巴斯德發表細菌學說。
- 李斯特施行第一次消毒手術。

1866年
- 普奧戰爭，奧國戰敗，被逐出德意志邦聯。
- 諾貝爾發明黃色炸藥。

1867年
- 日本的明治天皇即位，推行明治維新。
- 美國向俄國購買阿拉斯加。
- 加拿大從英國手中獲得自治權。

帽模，是在編製笠帽草帽時作為基礎架的模具。

樟腦油壺（左）和樟腦油罐。

竹製羊架，祭祀時上面鋪上麵線，代
替羊牲，有不殺生、慈悲之意。

1869年
• 蘇伊士運河通航。
• 美國建蓋第一條橫跨美國東西部的鐵路。
1870年
• 普法戰爭爆發（——1871年），最後法軍戰敗。
• 義大利進占羅馬，完成統一。
• 法國第三共和成立。
1871年
• 德意志帝國成立，日耳曼完成統一。
• 英國通過工會法。
• 第一次印象派畫展在法國巴黎展出。
1876年
• 貝爾發明電話。
• 英國女皇維多利亞成為印度女皇。
1878年
• 柏林會議。
1880年
• 歐洲諸國開始瓜分亞洲。
1884年
• 英國倫敦地下鐵啓用。
• 格林威治子午線被定爲國際基本子午線。
1885年
• 巴斯德製成狂犬病疫苗。
1886年
• 美國紐約港口的自由女神像揭幕。
1889年
• 法國巴黎興建艾菲爾鐵塔。
1893年
• 紐西蘭成爲第一個女性擁有投票權的國家。
1895年
• 盧米埃兄弟所發明的電影首次放映。
1896年
• 馬可尼發明無線電報。
1898年
• 美西戰爭，美得菲律賓群島。
• 居禮夫人發現釙、鈾和鐳。
1899年
• 南非爆發波耳戰爭（——1902年）。
1900年
• 中國發生義和團庚子拳亂，八國聯軍攻打天津、北京。
• 佛洛依德出版《夢的解析》。
• 蒲朗克提出「量子論」。

龜甲笠，可供農夫趴在田
野務農時遮陽、擋雨。

西元1901~1999年

1901年（日明治34年）
• 「台灣慣習研究會」發行《台灣慣習記事》。
• 台灣第一座現代化糖廠——橋仔頭糖廠建築完工。
• 台灣總督府公佈「官制改正」，將全島細分爲20廳，廳之下
  設堡。
1902年（日明治35年）
• 在日本政府強力征討下，林少貓、林天福等抗日組織瓦解。
1903年（日明治36年）
• 台灣地方稅施行規則公佈。

1901年
• 英國維多利亞女王逝世。
• 海牙國際法庭成立。
1902年
• 英日結成同盟。
• 西伯利亞鐵路完成。
1903年
• 美國的萊特兄弟試造飛機成功。
• 婦女選舉權運動組織在英國成立。

醫生或產婆出診時
攜帶的醫藥箱。

台灣大事

1904年（日明治37年）
- 「隘勇線設置章程」制定。設立崗哨，防備原住民襲擊。
- 嘉義達邦社第一所原住民學校「蕃童教育所」開設。

1905年（日明治38年）
- 台灣第一座水力發電廠——龜山發電所開始供電。
- 台北開始供應電燈照明，有500多戶申請供電。
- 台灣第一次人口普查，奠定戶籍基礎。

1906年（日明治39年）
- 阿里山的伐木、護林、造林事業經營權由藤田組無限會社取得。
- 「台灣浮浪者取締規則」公佈，不少抗日人士被當作「無業遊民」、「流氓」法辦。

1907年（日明治40年）
- 濁水溪鐵橋完工通車。
- 「北埔事件」發生，蔡清琳領導腦丁、隘勇與原住民攻擊北埔支廳，殺了55名日本人。

1908年（日明治41年）
- 全長405公里的縱貫鐵路正式通車。

1909年（日明治42年）
- 「台北水道」對一般用戶供應自來水。
- 推行陽曆，廢止台灣人慣用之太陰曆（農曆），惟民間仍自行沿用傳統曆法。

1911年（日明治44年）
- 貨幣法正式在台灣實施，至此與日本國內的幣制一致。
- 東部鐵路(花蓮港至卑南平原)正式通車。

1912年（日明治45年）
- 台灣第一所工業講習所（即「台北工專」，今台北科技大學）創校。

1913年（大正2年）
- 阿緱（屏東）與九曲堂間鐵路開通，縱貫鐵路全線始完成。

1914年（大正3年）
- 「台灣同化會」成立，係日本人板垣退助創導。
- 台灣第一所五年制中學校「淡水中學」創辦。
- 第五任台灣總督佐久間推動「5年討蕃計畫」。

1915年（日大正4年）
- 「台灣總督府博物館」（今228和平公園內的國立台灣博物館）落成。
- 余清芳主導之「西來庵事件」發生，但革命失敗。

1918年(日大正7年)
- 舉行鼠疫平息慶祝會。

1919年（日大正8年）
- 「台灣教育令」以勒令第一號制定，台灣人教育制度確立。
- 台灣總督府（今總統府）落成。

1920年（日大正9年）
- 「新民會」在日本東京成立。
- 《台灣青年》雜誌出版；係新民會機關雜誌。
- 「國勢調查」開始施行，年底公布台灣總人數為3，6504,388人。

1921年（日大正10年）
- 林獻堂推動的台灣議會設置運動開始運作。
- 「台灣文化協會」創立。

1922年（日大正11年）
- 「台灣總督府台北高等學校」創校。
- 台北市街改名稱，以「町」代「街」。
- 台灣第一次政治結社「新台灣聯盟」創議結盟。
- 「台灣第一位博士」杜聰明獲日本京都帝國大學醫學博士。

國際大事

醃醬菜的陶製醬缸。

1904年
- 日俄戰爭爆發。
- 英法協約訂立。

1905年
- 愛因斯坦發表相對論。
- 日俄戰爭，日本戰勝。
- 挪威脫離瑞典而獨立。

1906年
- 美國舊金山發生大地震。

1907年
- 英、俄、法聯合對抗德、義、奧匈帝國三國同盟。

1908年
- 土耳其獨立。

1909年
- 皮里宣稱已抵達北極。
- 青年土耳其運動黨取得政權。

1910年
- 日本吞併朝鮮。
- 南非聯邦建立。

1911年
- 法以摩洛哥為保護國。
- 阿蒙森抵達南極。
- 中華民國成立。
- 墨西哥爆發反對迪亞斯專制政府的革命。
- 盧瑟福爆發發表核子理論。

1912年
- 第1次巴爾幹戰爭爆發。
- 非洲民族會議創立。

1913年
- 袁世凱準備成立「中華帝國」。

1914年
- 第1次世界大戰起。
- 巴拿馬運河通航。

1915年
- 德國和奧匈帝國的軍隊進攻俄國。義大利退出三國同盟轉而加入三國協約。

彈珠汽水瓶。

1916年
- 特里頓發明坦克車，被英國當成秘密武器。

1917年
- 俄國革命，沙皇退位。
- 美國參加第1次世界大戰，與英、法同一陣線戰。

1918年
- 美國總統威爾遜提出世界和平14點計畫。
- 第1次世界大戰結束。
- 英國婦女獲得投票權。

1919年
- 協約國和德國在巴黎和會中簽訂凡爾賽條約。
- 德意志建立共和國。
- 德國成立包浩斯建築學院，為建築設計的專校。
- 第三國際（共產國際）成立。

1920年
- 美國公佈禁酒法（——1933年）。
- 國際聯盟成立，美國國會拒絕參加。
- 美國婦女獲得投票權。
- 美國開始有正規的廣播電台。

1923年（日大正12年）
- 「台灣警察法」實施。
- 《台灣民報》創刊。明確定位「用平易的漢文或是通俗白話……啓發台灣文化」
- 「治警事件」發生，49人被捕入獄，50人遭傳訊。

1924年（日大正13年）
- 張我軍在《台灣民報》介紹中國新文學並抨擊舊詩人的文章，引發「台灣新舊文學論戰」。
- 宜蘭鐵路全線通車。

1925年（日大正14年）
- 「二林事件」爆發，爲日治時代台灣第一次農民抗爭運動。

1926年（日昭和元年）
- 蓬萊米正式命名，由伊澤總督公開爲此新米種取名。

1927年（日昭和2年）
- 「大東信託」在台中市榮町開始營業，該公司有「台灣唯一之信託機關」之稱。
- 「台灣民眾黨」創立。此政治結社由蔣渭水主導。
- 第一屆台灣美術展覽會（台展）舉行，係台灣教育會主辦。

1928年（日昭和3年）
- 「台灣工友總聯盟」成立。
- 「台北帝國大學」舉行開校典禮。
- 日本共產黨台灣民族支部（台共）在上海法的國租界成立。

1930年（日昭和5年）
- 八田與一督工、耗時10年的嘉南大圳竣工，長16,000公里，灌溉範圍達150,000公頃。
  「台灣地方自治聯盟」成立，此右翼社運團體要求「確立完全地方自治爲目的」。
- 馬赫坡社頭目莫那魯道領導泰雅族發動反日的「霧社事件」。

1931年（日昭和6年）
- 台灣民眾黨被殖民政府勒令解散。
- 「台灣孫中山」蔣渭水病逝。

1932年（日昭和7年）
- 有「台灣人唯一喉舌」之譽的《台灣新民報》，由週刊改爲日刊。
- 蘇澳到花蓮臨海公路(今蘇花公路)通車。
- 台灣第一家百貨公司「菊元」百貨大樓落成。

1933年（日昭和8年）
- 台北、東京無線電話試話成功。
- 「台灣文藝聯盟」在台中市成立。是台灣新文學運動第一次結社。
- 台灣第1座發電廠貯水庫——日月潭電力工程竣工，假台北市鐵路飯店舉行落成典禮。
- 「台陽美術協會」創立，與官方所辦「台展」分庭抗禮。

1935年（日昭和10年）
- 新竹、台中大地震，三千多人喪生，災民達26萬之多。
- 台日間定期航空郵件開辦。「福岡—台北」航線通航。
- 「始政四十週年紀念台灣博覽會」在台北市舉行。
- 台灣第一次選舉——市議會及街庄協議會選舉，全台投票率高達95.9%。
- 「大屯國立公園」、「次高(雪山)・太魯閣國立公園」、「新高(玉山)・阿里山國立公園」規劃完成，指定爲國立公園預定地。

1936年（日昭和11年）
- 台、日間定期航線開始營運。
- 松山機場竣工，基地面積19萬餘坪。

1921年
- 華盛頓會議開議（——1922年）。
- 中國共產黨成立。

1922年
- 墨索里尼進軍羅馬，奪得義大利政權。
- 由萊特所設計的防震建築東京飯店完工。
- 埃及圖唐卡門法老王的陵墓被發現。
- 胰島素首次被用來治療糖尿病。
- 蘇維埃社會主義共和國聯邦（USSR）成立。

1923年
- 土耳其改建共和。
- 日本發生關東大地震。

1924年
- 柏茲戴進行食物急速冷凍的實驗。

1925年
- 義大利墨索里尼的獨裁開始。
- 黃埔軍官學校開學。
- 中國定青天白日滿地紅爲國旗。
- 廣東國民政府成立。

1926年
- 蔣中正就任國民革命軍總司令，誓師北伐。

1927年
- 林白駕機橫越大西洋成功。

1928年
- 東三省歸附，中華民國全國統一。
- 佛萊明發現青霉菌。
- 惠特爾發明噴射引擎。
- 電視廣播誕生。
- 各國承認中國關稅獨立。

1929年
- 世界經濟大恐慌開始。

木製米斗（左）和4個由小至大的木製量器。

1931年
- 日本發動「918事變」，侵略中國東北。
- 加拿大獨立。
- 紐約帝國大廈完工。
- 魯斯卡發明電子顯微鏡。

1932年
- 國聯召集日內瓦世界裁軍大會。
- 日本在中國東北成立「滿洲帝國」。

1933年
- 羅斯福就任美國總統，實行新政。
- 納粹黨成爲德國唯一的政黨。

1934年
- 卡羅瑟斯發明尼龍。
- 希特勒繼任德國總統。

1935年
- 德國廢止凡爾賽合約，積極建軍。
- 義大利侵略衣索比亞。
- 英國在印度施行新憲法。
- 波斯宣佈改稱伊朗。
- 日本宣佈廢止五國海軍條約。

1936年
- 德軍進入法國萊因區。
- 德日兩國成立反共協定。
- 美國胡佛水壩完工。

台灣早期玻璃製煤油燈。

台灣大事

- 台灣東、西部定期航空線開航；同時開辦島內航空郵政。

1937年（日昭和12年）
- 日本發動侵華戰爭，台灣總督及軍司令官對台灣人發佈「戰時警告」。

1939年（日昭和14年）
- 新南群島(今南沙群島)併入台灣總督管轄。
- 全面管制米穀輸出。

1940年（日昭和15年）
- 台灣總督府廢止陰曆過年，並訂陰曆新年起五日內爲勞動服務，強迫勞役。
- 台灣總督小林躋造在東京發表談話，謂將把外事部改爲南方局，繼續執行並加強「南進政策」，同時宣告「皇民化」、「工業化」兩大政策。

1941年（日昭和16年）
- 「台灣皇民奉公會」成立。
- 《民俗台灣》創刊。
- 美國對日本宣戰。

1942年（日昭和17年）
- 「陸軍特別志願兵」第一回募集開始。

1944年（日昭和19年）
- 「台灣徵兵制」公佈。

1945年（日昭和20年）
- 日本無條件投降。日皇接受波茨坦宣言。
- 國民政府接收台灣，結束日本在台50年又156天的統治。

1946年（民國35年）
- 交通新規開始實行，日治時代的「靠左走」改「靠右走」。
- 「台灣省國語推行委員會」組織規程公佈。

1947年（民國36年）
- 「228八事件」發生，族群衝突引發國府軍隊來台鎮壓屠殺，不少台灣菁英在日後「清鄉」中失蹤、被殺。
- 台灣省政府正式成立，魏道明任第1任省主席。

1948年（民國37年）
- 陳誠就任台灣省政府主席。

1949年（民國38年）
- 「三七五減租」正式實施，是台灣農地改革的第1階段。
- 台灣全省開始實施戒嚴令。
- 幣制改革；新台幣發行，舊台幣每4萬元兌換新台幣1元。
- 中共在北京成立「中華人民共和國」；國共隔海對峙形成。
- 金門古寧頭戰役，共軍登陸挫敗。
- 《自由中國》半月刊創刊。

1950年（民國39年）
- 蔣中正宣佈在台「復行視事」，繼續行使總統職權。
- 勞工保險開始實施。
- 美國總統杜魯門令第七艦隊巡防台灣海峽。
- 台灣地方自治正式實施，開始規畫進行多項地方公職選舉。
- 「台灣省縣市政府區域調整方案」通過，全台畫分5市16縣。

1951年（民國40年）
- 日本與盟國簽約，放棄「對於台灣與澎湖群島的權利、權限以及請求權」。

1952年（民國41年）
- 「中日和平條約」在台北簽字。
- 「中國青年反共救國團」成立。
- 「台灣經濟建設四年計畫」核定。

1953年（民國42年）
- 「耕者有其田」條例完成立法。

國際大事

- 英國喬治六世退位。
- 西班牙內戰開始。
- 在德國柏林舉行奧運。

1937年
- 日本發動「蘆溝橋事變」，第2次世界大戰亞洲區開戰。

家庭式手搖紡紗機。

1938年
- 希特勒迫使奧地利併入德國。
- 慕尼黑會議。

1939年
- 德蘇訂立互不侵犯條約。
- 德國以閃電戰術進攻波蘭，第2次世界大戰歐洲區開戰。
- 義大利入侵阿爾巴尼亞。

1940年
- 巴黎淪陷。
- 汪精衛在中國南京成立政權。
- 蘇俄併吞波羅的海3國。
- 5月德國入侵荷蘭、比利時、盧森堡和法國。
- 8月～11月，英國和德國爆發「不列顛空戰」。

1941年
- 德軍進攻俄國的史達林格勒。
- 英美發表大西洋憲章。
- 日軍偷襲珍珠港，美國對日宣戰。

1942年
- 中華民國蔣中正被推爲盟軍中國戰區最高統帥。
- 費米在美國建造第一座核子反應爐。
- 26國簽署聯合國宣言。東西軸心國侵略氣燄達最高點。
- 英美聯軍在北非登陸。

1943年
- 德軍敗於史達林格勒。
- 德、義軍在北非敗退。
- 義大利投降。
- 美軍在太平洋戰區開始反攻。
- 德黑蘭會議，與會的有羅斯福、邱吉爾、史達林。
- 開羅會議，與會的有蔣中正、羅斯福、邱吉爾。

1944年
- 1月，蘇聯解除德軍列林格勒之圍。
- 6月6日，盟軍在諾曼第登陸。
- 戴高樂率盟軍進入巴黎。

1945年
- 雅爾達會議舉行，邱吉爾、羅斯福和史達林與會。
- 德國向盟軍投降。
- 7月17日～8月2日，英、美、蘇三方舉行波茨坦會議。
- 廣島、長崎遭原子彈轟炸，日本無條件投降，第2次世界大戰結束。
- 10月24日聯合國成立。

1946年
- 約旦、菲律賓獨立。
- 日本施行新憲，天皇成爲虛位。

1947年
- 美國提出重整歐洲經濟的馬歇爾計畫。
- 印度、巴基斯坦獨立。

1948年
- 緬甸、錫蘭、以色列獨立。
- 印度聖雄甘地遭暗殺。

接生時，幫新生兒洗澡的木桶。

台灣大事

- 西螺大橋舉行通車典禮，全長2公里，號稱「遠東第一長橋」。

1954年（民國43年）

- 14,209名參加韓戰的共軍「投奔自由」抵台，受到熱烈歡迎，1月23日定為「自由日」。
- 內政部正式核定九族原住民名稱：泰雅、賽夏、布農、曹、魯凱、排灣、卑南、阿美和雅美。

1955年（民國44年）

- 「中美共同防禦條約」正式生效。

1956年（民國45年）

- 台灣省政府遷往中興新村辦公。

1957年（民國46年）

- 台灣當代最前衛的西畫團體東方畫會舉辦第一屆東方畫展。

1958年（民國47年）

- 「外匯貿易改革方案」實施；以單一匯率穩定幣值，鼓勵出口。
- 八二三砲戰發生，中共砲擊金門，兩個小時內連續發射47,533發。

1959年（民國48年）

- 八七水災，台灣中南部災情嚴重，造成667人死亡，48人失蹤，災民達數十萬人。

1960年（民國49年）

- 東西橫貫公路（中橫）通車。全長348.1公里。
- 「獎勵投資條例」立法；以租稅減免來吸取外資。
- 《自由中國》雜誌創辦人雷震以涉嫌叛亂罪被警備總部逮捕，後來判刑10年。

1961年（民國50年）

- 民航空運公司(CAT)新購「超級翠華號」噴射客機加入航線，為台灣民航事業進入「噴射時代」的開始。

1962年（民國51年）

- 世界衛生組織正式宣佈台灣為「無疫區」。
- 台灣第一家商業電視台——台視開播，台灣進入「電視時代」。

1963年（民國52年）

- 花蓮港開放為國際港。

1964年（民國53年）

- 台灣第1條快速公路——麥克阿瑟公路（北基新路）正式通車。
- 桃園石門水庫竣工。
- 彭明敏與謝聰明、魏廷朝師生發表「台灣自救宣言」被逮捕判刑。

1965年（民國54年）

- 「美援」終止。

1966年（民國55年）

- 證嚴法師創辦「佛教克難慈濟功德會」。
- 北部橫貫公路全線通車，由桃園復興鄉通達宜蘭，全長71公里。
- 中山博物院（故宮博物院）在士林外雙溪舉行落成典禮。
- 高雄出口加工區在高雄港中島新生地創設，為台灣第一個加工出口區。

1967年（民國56年）

- 台北市升格院轄市，並擴大行政區域，含北投、士林、南港，內湖、景美、木柵六鄉鎮。

1968年（民國57年）

- 「國民生活須知」公佈。

國際大事

- 第1次以阿戰爭爆發。
- 大韓民國（南韓）和朝鮮人民共和國（北韓）以北緯38度線為界，成為兩個國家。

1949年

- 西德成立「德意志聯邦共和國」，東德成立「德意志民主共和國」。
- 北大西洋公約組織（NATO）成立。
- 中華人民共和國建立。
- 印尼獨立。
- 蘇聯宣佈原子彈試爆成功。

1950年

- 韓戰開打，北韓共黨侵略南韓。
- 越共發動全面攻勢。
- 中共派軍進入西藏。
- 南非徹底執行種族隔離。

1951年

- 舊金山對日和約簽字。

1952年

- 英女皇伊莉莎白二世繼位。
- 納瑟推翻埃及的君主政權。
- 艾森豪當選美國總統。

1953年

- 韓戰結束。
- DNA結構被發現
- 蘇聯獨裁者史達林逝世。

1954年

- 越共陷奠邊府，日內瓦會議將越南分為南、北越。
- 東南亞公約組織成立。
- 非洲各國原英屬、法屬殖民地紛紛獨立。

1955年

- 巴格達公約成立。
- 華沙公約成立。

1956年

- 蘇伊士運河危機發生。
- 東歐波蘭、匈牙利發生反俄暴動。
- 搖滾樂在貓王艾維斯普里斯萊等人帶動下，大為流行。
- 第二次以、阿戰爭爆發。

1957年

- 蘇聯發射第一枚人造衛星成功。
- 歐洲共同市場成立，法、西德、義、比、荷、盧等國簽署條約。

1958年

- 埃及與敘利亞合組阿拉伯聯合共和國。
- 中國大陸開始實施「大躍進」。
- 積體電路（矽晶片）發明。

1959年

- 蘇俄與中共開始分裂。
- 古巴革命，卡斯楚就任古巴總統。
- 巴格達公約改稱中部公約。

1960年

- 美國發明雷射光，用來作精密切割和動手術之用。
- 甘迺迪當選美國總統。

1961年

- 南非聯邦改稱南非共和國。
- 「石油輸出組織」成立。

早期接生婆使用的多功能煤油燈，上面可掛懸裝藥品、棉花的小鐵盒。

收集點卷用的集卡箱，上有廠商標誌，反映出台灣早年的商業行為。

- 「台灣地區家庭計畫實施辦法」通過施行。
- 九年國民義務教育實施。
- 紅葉少棒隊打敗本年度世界少棒冠軍日本和歌山少棒隊。
1969年（民國58年）
- 台東八仙洞發現舊石器時代文化遺址。
- 中國電視公司正式開播，包括彩色電視影片。
- 台灣第一座衛星通信電台設在陽明山。
1970年（民國59年）
- 黃俊雄在台視演出布袋戲「雲州大儒俠」，造成轟動。
- 中華電視台（華視）開播，爲台灣第三家電視公司。
1971年（民國60年）
- 澎湖跨海大橋通車，號稱「遠東最長的橋樑」。
- 台灣大學、政治大學、師範大學等校學生發起「保釣運動」。
- 台灣省家庭計畫推行委員會推出「男孩女孩一樣好，
  兩個孩子恰恰好」口號。
- 中華民國喪失聯合國席位。
1972年（民國61年）
- 行政院長蔣經國提出「十項行政革新指示」，
- 日本與中共建交，台、日斷交。
- 省主席謝東閔核定實施「小康計畫」。年底提出「客廳即工
  廠」、「屋頂即農場」的構想。
- 南橫公路通車，全線182.6公里。
1973年（民國62年）
- 「雲門舞集」創立。
- 曾文水庫竣工。
- 「九項建設」開始施工；後加上「核能發電廠」成爲「十項
  國家建設」（十大建設）。
1974年（民國63年）
- 國際石油危機發生，台灣消費者物價指數上漲高達54%，經
  濟嚴重衰退。
- 台灣少棒、青少棒、青棒獲世界冠軍，爲第一次贏得「三冠
  王」寶座。
- 德基大霸竣工。
1975年（民國64年）
- 蔣中正去世，副總統嚴家淦繼任總統。
- 楊弦舉行「中國現代民歌發表會」，爲
  「校園民歌運動」的濫觴之一。
1976年（民國65年）
- 朱邦復完成著作《中文輸入研究》，並發表「形意檢
  字法」，此爲「中文電腦」打下基礎。
- 台中港第1期工程竣工，正式啓用通航。
1977年（民國66年）
- 彭歌和余光中撰文批評鄉土文學，引發「鄉土文學」論戰。
- 台灣第一座積體電路工廠落成。
- 5項公職人員選舉投票，因選情激烈，揭發選舉舞弊，引發
  「中壢事件」。
1978年（民國67年）
- 南北高速公路全線通車。
- 美國與中共建交；台灣、美國於翌年1月1日終止外交關係。
1979年（民國68年）
- 開放出國觀光。
- 桃園中正國際機場正式啓用。
- 美國總統卡特簽署「台灣關係法」。
- 縱貫鐵路電氣化工程完工，全線通車。
- 《美麗島》雜誌創刊。標榜爲「台灣民主運動」的雜誌。
- 台灣第一座核能發電廠舉行竣工典禮。

- 蘇聯的蓋加林是第一個登上太空的人。
- 8月柏林圍牆興建。
1962年
- 美國太空人格林進入地球軌道。
- 古巴飛彈危機，美國對古巴實施禁運。
- 中共與印度在邊界發生戰爭。
1963年
- 非洲團結組織成立。
- 美國總統甘迺迪遭暗殺，詹森副總統繼任。
1964年
- 蘇俄領導人赫魯雪夫下臺。
- 「巴解」（PLO，巴勒斯坦解放組織）誕生。

鋁製便當盒。

1965年
- 太空探測器傳回火星的第一張相片。
- 新加坡成爲獨立的共和國。
1966年
- 中國文化大革命開始。
1967年
- 聯合國通過和平使用外太空之條約。
- 巴納德爲第一次換心手術操刀。
- 以、阿「六日戰爭」爆發，以色列擊敗阿拉伯諸國。
1968年
- 蘇軍侵入捷克，壓制捷克自由改革運動。
- 聯合國通過禁止核子武器擴散的條約。
- 巴黎學生大暴動。
1969年
- 法國總統戴高樂下臺。
- 人類首次登陸月球，美國太空人阿姆斯壯在月球漫步。
- 協和號成爲第一架噴射客機。
1970年
- 西德與俄國簽訂莫斯科條約。
- 西德與波蘭簽訂和解條約。
1971年
- 孟加拉宣佈獨立。
- 印度與巴基斯坦發生戰爭。
1972年
- 美蘇簽訂第1階段限制戰略武器協定。
- 美國總統尼克森訪北平。
- 聯合國世界環境會議在斯德哥爾摩舉行。

早期熱水瓶。

1973年
- 巴黎和平協定簽字，美國退出越戰。
- 歐洲安全合作會議在赫爾辛基召開。
- 石油禁運，石油輸出國大幅提高油價。
- 10月爆發第4次以、阿戰爭。
1974年
- 美國總統尼克森因水門案辭職，副總統福特接任。
- 阿拉法特在聯合國演講，聯合國承認巴解組織。
1975年
- 黎巴嫩內戰（——1990年）。
- 南越向北越共黨投降，結束29年內戰。
- 西班牙元首佛郎哥逝世，西班牙恢復君主政權。
- 美國和蘇聯的太空船在太空中連結。
1976年
- 7月20日美國太空船「維京1號」成功降落火星。
1977年
- 美俄等35國在布爾格萊集會，檢討赫爾辛基宣言，西歐國家

台灣大事

- 美麗島事件（高雄事件）發生。

1980年（民國69年）
- 「中美協防協約」廢止。
- 北迴鐵路通車。全長爲82.3公里。
- 「美麗島事件大審」展開。
- 台北世貿中心正式成立。
- 發現卑南遺址，是台灣所發現最大最完整的史前人類遺址。
- 新竹科學工業園區創設。

早期手搖式電話機

1981年（民國70年）
- 「國家賠償法」正式實施。
- 行政院文化建設委員會成立。

1982年（民國71年）
- 「衛生署環境保護局」正式成立。
- 「文化資產保存法」立法。
- 墾丁風景區由內政部公告爲台灣第一處國家公園。

1983年（民國72年）
- 中央銀行宣佈，我國外匯存底已超過100億美元。

1984年（民國73年）
- 中國國際商業銀行首先推出自動櫃員機（ATM），金融卡開始流通。
- 台灣第一座海底隧道——高雄過港海底隧道正式通車。
- 西式速食連鎖店麥當勞、肯德基、溫娣陸續登台。
- 「勞動基準法」立法。翌年（1985）2月再通過「勞動基準法施行細則」。
- 「台灣原住民族權利促進會」成立，訴求將「山胞」、「番仔」、「山地人」等正名爲「原住民」。

1985年（民國74年）
- 優生保健法開始實施。
- 「著作權法修正草案」完成立法，7月10日公佈實施，著作權採行創作主義。
- 電影分級制度實施；分「普通級」和「限制級」。

1986年（民國75年）
- 新制營業稅今日實施，稅率爲5%。
- 鄭南榕等人發起「519綠色行動」，要求解除戒嚴令。
- 民主進步黨成立，突破台灣黨禁。
- 鹿港居民街頭抗議美商杜邦設立二氧化碳工廠，爲民間環保抗議的發端。

1987年（民國76年）
- 內政部宣佈取消禁止一貫道傳教的命令，解除其近40年被視爲「邪教」的命運。
- 翡翠水庫落成。
- 台灣地區解除戒嚴。
- 外匯管制辦法正式廢止，外匯管制放寬。
- 國家音樂廳、國家戲劇院啓用。
- 開放大陸探親。

1988年（民國77年）
- 報禁解除，開放報紙登記與增張。
- 蔣經國逝世，副總統李登輝繼任總統。
- 「動員戡亂時期人民集會遊行法」公佈實施。
- 「520農運」發生，爲本世紀台灣最大的農民抗爭事件。
- 原住民「還我土地運動聯盟」發起還我土地大遊行。
- 萬名客家人舉行「還我客語」大遊行。

1989年（民國78年）
- 《自由時代》週刊鄭南榕爲爭取百分之百言論自由和主張台灣獨立，自焚身亡。
- 「野生動物保育法」立法，並廢除現行狩獵法。

國際大事

- 譴責東歐各國違反人權條款。
- 埃及總統沙達特與以色列總理比金互訪。
- 鄧小平復出、掌權，成爲中華人民共和國領導人。
- 巴黎龐畢度中心完成。

1978年
- 美國參議院通過巴拿馬運河新約，同意在1999年年底將運河歸還巴拿馬。
- 美、以、埃3國領袖完成大衛營協定。
- 世界第1個試管嬰兒在英國誕生。

1979年
- 美蘇兩國在維也納簽署第2階段限制戰略武器協定。
- 蘇俄占領阿富汗，引起西方國家一致譴責。
- 伊朗成立伊斯蘭（回教）共和國。

1980年
- 聯合國召開緊急會議，決議要求俄軍退出阿富汗。
- 伊朗與伊拉克爆發「兩伊戰爭」。
- 波蘭工聯發動自由化運動，蘇俄企圖干預。

1981年
- 美國發射人類史上第1架太空梭。
- 波蘭共黨發布戒嚴令，大肆鎮壓團結工聯。
- 太陽能飛機橫越英吉利海峽。

1982年
- 英國與阿根廷因爭奪南大西洋的福克蘭群島，爆發戰爭。
- 美國雷根總統訪英，號召世界將馬列主義置於歷史灰燼中。
- 波蘭民眾再度爆發抗暴示威。

1983年
- 美俄在日內瓦恢復武器管制會談。
- 7國高峰會議在美舉行。

1984年
- 衣索比亞發生飢荒。
- 歐洲安全裁軍會議在瑞典舉行，共有35國代表與會。
- 美挑戰者號太空梭首次成功捕捉1枚軌道運行中的人造衛星。
- 印度甘地夫人被宗教極端分子暗殺。
- 法國和美國科學家聲稱AIDS和HIV病毒有關。
- 指紋遺傳基因學首度被用來鑑定個人DNA模組。
- 紐西蘭宣佈成爲非核區。

早期的儲冰桶。在冰箱未發明前，這可是富家小姐出嫁時的嫁妝之一。

1985年
- 蘇俄最高蘇維埃集會，外長葛羅米柯當選俄主席。
- 美俄舉行高峰會議，雙方同意加速武器管制條例。

1986年
- 蘇俄向美建議，在西元2000年前消除所有核子武器。

1987年
- 在占領區內的巴勒斯坦人爆發反以色列戰爭。

1988年
- 蘇俄軍隊開始撤離阿富汗。
- 雷根與戈巴契夫在莫斯科進行美蘇高峰會議。
- 伊朗與伊拉克結束長達8年的戰爭。

1989年
- 日本天皇裕仁病逝，皇太子明仁即位，改年號爲平成。
- 中共血腥鎮壓北平天安門民主運動，引起世界各國譴責。
- 東德宣佈全面開放邊界，柏林圍牆崩塌。
- 中共在西藏拉薩施行戒嚴法。

1990年
- 戈巴契夫當選爲蘇俄第1任總統。

台灣大事

- 「無殼蝸牛」萬人夜宿台北市房價最高的頂好商圈。

1990年（民國79年）
- 李登輝、李元簇就任第八任總統、副總統。
- 「國家統一委員會」成立。

1991年（民國80年）
- 長達40年的「動員戡亂時期」宣告終止。
- 因調查局闖入校園，逮捕涉嫌「獨台會」活動的學生，爆發「五月學運」。
- 由文化界、學運團體發起的「520請願遊行」要求廢除刑法第100條。
- 「國家建設6年計畫」開始實施。
- 「搶救十三行文化遺址行動聯盟」成立，為台灣史上最大規模的一次搶救文化遺址行動。
- 第1屆國大代表、立法委員、監察委員全數退職。

1992年（民國81年）
- 「南迴鐵路」正式營運，台灣環島鐵路網絡終於實現。
- 公平交易法正式實施。

1993年（民國82年）
- 「公職人員財產申報法」，立法院三讀通過，俗稱「陽光法案」。
- 新黨創立，由「新國民黨連線」的立委發起。
- 「有線電視法」草案通過，收視頻道大為增加。

1994年（民國83年）
- 「消費者保護法」立法院完成三讀。
- 「全民健康保險法」經總統華統義字第4705號令公佈。

1995年（民國84年）
- 「中央健康保險局」成立，擔負全民健康保險業務。
- 「姓名條列」修正通過；台灣原住民得申請恢復傳統姓名。
- 台灣省長和北、高兩市市長首次民選，分由宋楚瑜、陳水扁、吳敦義當選。

1996年（民國85年）
- 第一屆民選總統、副總統直接民選，中國國民黨李登輝、連戰以54％得票率當選。
- 「原住民委員會組織條例」三讀通過。

1997年（民國86年）
- 因「白曉燕命案」，引發民間抗議遊行活動，要求執政當局為治安惡化認錯。
- 「凍省條文」通過，省長選舉終止。
- 金融風暴席捲東南亞，台灣雖受波及，但仍挺住。
- 台北市捷運淡水線全線通車，為台北都會區的初期捷運網路建構基礎。
- 全島10縣發生豬隻口蹄疫事件。

1998年（民國87年）
- 全面實施「著作權法廢止登記制」。
- 週休二日開始實施，休閒時代來臨。
- 公共電視正式成立。
- 「動物保護法」三讀通過。
- 為落實鄉土文化教材，國民中學歷史課本開設「認識台灣」等課程。

1999年（民國88年）
- 「出版法」廢除；被視為侵害言論自由50餘年的法令終成歷史。
- 「國家機密保護法」、「政府資訊公開法」草案，由行政院通過。
- 李登輝提出「特殊的國與國」兩岸兩國定位論，中共激烈抨擊；海峽兩岸又陷緊張局面。
- 「921集集大地震」，規模7.3級，死亡人數近3000人。

國際大事

- 蘇俄改革派候選人葉爾辛當選為俄羅斯共和國議會主席。
- 伊拉克軍隊大舉入侵科威特。
- 東西德正式統一，首都為柏林。
- CD-rom互動多媒體被引進市場。

1991年
- 波斯灣戰爭爆發，美國及多國部隊大舉反攻，伊拉克戰敗後退回科威特。
- 蘇俄保守派分子發動政變，企圖推翻總統戈巴契夫，但因俄羅斯共和國總統葉爾辛號召群眾反對，政變失敗。
- 波羅的海3國（立陶宛、拉脫維亞、愛沙尼亞）獨立。
- 蘇俄總統戈巴契夫辭職，蘇俄解體成為眾多獨立國家。
- 南非廢除最後3項關於種族隔離的法律。

1992年
- 俄羅斯總統葉爾辛與美國總統布希在華府就核武裁減條約，達成協議。
- 馬斯垂克條約簽定：歐洲聯盟誕生。

1993年
- 以色列總理拉賓與巴勒斯坦解放陣線領袖阿拉法特，在美國簽署和平協議。
- 關貿總協達成協議，1995年將成立新的「世界貿易組織」，取代關貿總協。
- 結合美、加、墨3國的北美自由貿易協定，將於1994年1月1日起開始實施。

1994年
- 南非聯邦大選，曼德拉當選首位黑人總統。
- 以色列和約旦在美國簽署聯合宣言，兩國長達46年的敵對狀態正式結束。
- 巴勒斯坦解放組織（PLO）在加薩走廊獲得自治區。
- 北愛爾蘭的愛爾蘭共和軍停火。
- 非洲民族議會贏得南非第一次大選。
- 英法海底隧道鑿通啓用。

1995年
- 日本發生關西強震，神戶及大阪災情慘重。
- 法國不顧世界輿論反對，在南太平洋的莫魯洛亞環礁試爆核子彈。
- 美國微軟公司推出「視窗95」電腦操作系統。
- 全世界的電腦以電話線路連接形成網際網路。
- 歐聯擴展到15個成員國。

1996年
- 巴解領袖阿拉法特當選巴勒斯坦自治政府的主席。
- 美國蔓延「狂牛病」。
- 美國對伊拉克發動波斯灣戰爭以來最大軍事攻擊行動。
- 世界五大核子國簽署全面禁止核試條約。

1997年
- 英國於7月1日將香港主權移交中共，結束殖民統治。
- 美國「拓荒者號」太空船登陸火星，傳回珍貴照片。
- 英國科學家公開世界第一頭複製羊「姚莉」。
- 泰銖匯率一落千丈，發生金融危機。

1998年
- 香港新機場啓用，啓德機場結束74年營運。
- 科索夫分裂主義者和南斯拉夫軍隊激戰。
- 美、英聯軍向伊拉克發動「沙漠之狐」空襲行動。

1999年
- 歐元正式於1月1日零時啓用。
- 澳門回歸中國。
- 全世界面臨電腦千禧蟲危機。

【索引】（數字為頁碼）

【鳴謝】

本書的完成，特別感謝：（以姓名筆畫序）

228紀念館	林垂凱	莊幼岳
中國國民黨文化傳	林絮霏	莊永明
播委員會黨史館	前衛出版社	陳坤崙
中華捐血運動協會	洪緞	陳慶芳
王芬芳	桂冠圖書出版公司	黃天橫
江燦騰	張德懋	新竹市文化局
吳興文	張慶惠	楊永智
李筱峰	曹永和	蔡翼謀
林秀容	許雪姬	賴和文教基金會

【地圖、照片出處】

數目為頁碼

目錄（4~5）：
地圖：曹永和提供。

導讀（9-13）：莊永明提供。

洪棄生（14-21）：
17（上）、18（左上）/洪緞提供。
18（右）、19、20（右上、右下、中上、中下）/遠
　流資料室。
20（左一、左二）/莊永明提供。

林幼春（22-29）：
24（上、下）/莊永明提供。
25（左）、26（左、右、右下）、27（右）、28
　（右）/莊幼岳提供。
25（右）/張德懋提供。
28（右下）/黃天橫提供。
28（左一）/楊永智提供。
28（左二）/陳慶芳提供。

葉清耀（30-37）：
32（左）、34（左）/莊永明提供。
34（右）、36（右下）/曹永和收藏，遠流拍攝。
34（上）、35（上、下）、36（左）/遠流資料室。
36（上）/蔡翼謀提供。

林獻堂（38-45）：
40（上）、42（上）/莊幼岳提供。
40（下）、41（下）/林垂凱提供。
41（上）、42（右上）、43、44（右）/莊永明提供。
42（右下）/蔡翼謀提供。
44（左）/楊永智提供。

蔡惠如(46-51)：
49（左）、49（右）/莊永明提供。
50（上）/林秀容提供。
51（上）/蔡翼謀提供。
50（左）/曹永和收藏，遠流拍攝。
50（右）、51（下）、52（左上、左下、右上、右下）
　/遠流資料室。

蔡式穀（54-61）：
56（上、下）、57（左、右上、右下）、58（上）、
　59（上、下）、60（下右）/蔡翼謀提供。
58（右）、59（左、右上）/曹永和收藏，遠流拍攝。

林呈祿（62-69）：
65（左上、左下、右上、右下）、66（左上、
　右）、67（右上）、68（左上、左下、右上、右
　下）/莊永明提供。
66（左下）/黃天橫提供。

67（左、右下）/曹永和收藏，遠流拍攝。

王敏川（70-77）：
72（右）、73（右、左上、左下）/賴和文教基金會
　　提供。
74（左）、75（左、右）、76（左下）/莊永明提供。
76（上）陳慶芳提供。
76（下）楊永智提供。
76（右上、右中）/遠流資料室。

黃旺成（78-85）：
80（上、下）、81（右、左）、84/莊永明提供。
82（右）、83（左上、左下）、83/遠流資料室。

蔡培火（86-93）：
89（左上、左下）、90（上）、92（左上、左下）/
　　莊永明提供。
89（左下）/李筱峰提供。
89（右下）/曹永和收藏，遠流拍攝。
90（右）、91（右）、92（右上、右下）/中華捐血
　　運動協會提供。
93（下）/遠流資料室。

蔣渭水（96-101）：
97（右上、右中、右下、左）、98（上、下）、99
（左、右）、100（右、左上、左下）/莊永明提供。

翁俊明（102-109）：
105（左上、右下）、106（上、下）/中國國民黨文化
　　傳播委員會黨史館提供。
105（右上）/莊永明提供。
107（右上、下）、108（上、左、右）/陳慶芳提供。

連溫卿（110-117）：
113（左）/莊永明提供。
115（下、右上）/賴和文教基金會提供。
114（左）、116（左）/曹永和收藏，遠流拍攝。

雷震（118-125）：
120（右）、121（左、右上、右下）、122（上、
下）、123（左、右）、124（左）/桂冠圖書提供。

124（右上、右下）/遠流資料室。

郭國基（126-133）：
129（上、中、下）130（上、下、右）、131（右）、
132（左、右上、右下）陳坤崙提供。

王添灯（134-141）：
137（左、右上、下）、138（上、下）/王芬芳提供。
139（上、下、左）、140（上、下）/228紀念館提
　　供。

李萬居（142-149）：
145（左）、146（左）、147（右）、148/遠流資料
　　室。

林秋梧（150-157）：
153（左上、右上、右下）、154（右上、右下）、155
（右下）、156（左）/李筱峰提供。
154（上）/莊永明提供。
154（下右）/江燦騰提供。
156（右上、右下）/遠流資料室。

殷海光（158-165）：
160（右）、161（左上、右下）、162（上、下）、
163（右）、164（右、左下）/桂冠圖書提供。
163（右上）、164（左上）/遠流資料室。

魏廷朝（166-173）：
168（右）、169（左、右上、右下）、170（左上、
　　左下）、172（中、下）/張慶惠提供。
171（左上、左下、右上、右下）、172（上）/前衛
　　出版社提供。

年表（174~185）：陳慶芳提供實物，遠流拍攝。

【台灣放輕鬆】

系列規劃說明

編輯部

　　【台灣放輕鬆(Taiwan, Take It Easy)】系列共12冊，介紹台灣400年來的240位人物，分成12類主題。每冊介紹該主題內具代表性質的20位人物，每位人物皆透過「趣味Q&A」、「人物小傳」、「歷史報」、「人物小年表」、「延伸閱讀」等小單元，建構出人物與歷史的多元面貌，設計新穎，兼具知識性及趣味性，適合e世代人快速認識台灣。此外，每冊並有主題導讀、台灣史對照世界大事年表……等，讓讀者在認識台灣時Easy & Fun，卻不膚淺。

　　以下是各單冊介紹：

1 正港台灣人　　　　文／李懷、張嘉驊
介紹20位對台灣貢獻卓著的外國人，包括馬偕、森丑之助、八田與一、堀內次雄、立石鐵臣、磯永吉……等。

2 台灣心女人　　　　文／林滿秋等
介紹20位傑出的台灣女性，包括黃阿祿嫂、陳秀喜、葉陶、謝雪紅、許世賢、包春琴、江賜美、鄧麗君……等。

3 在野台灣人　　　　文／賴佳慧
介紹20位在體制內推動改革者，包括蔣渭水、林獻堂、雷震、魏廷朝、葉清耀、林幼春、黃旺成、林秋梧……等。

4 鬥陣台灣人 (書名暫定)　　文／鄭天凱、林孟欣
介紹20位以武裝形式從事變革者，包括郭懷一、朱一貴、林爽文、施九緞、林少貓、蔡牽、黃教……等。

5 台灣原住民 (書名暫定)　　文／詹素娟、蔡光慧、浦忠成
介紹20位台灣的原住民，包括平埔族與高山族人，如望麒麟、樂信瓦旦、潘文杰、拉荷阿雷、莫那魯道……等。

6 台灣政治人物 (書名暫定)　　文／賴佳慧
介紹20位台灣政治人物，包括劉銘傳、陳永華、王得祿、胡鐵花、後藤新平、蔣經國、陳誠、蔣夢麟……等。

7 拓墾工商人 (書名暫定)　　文／林滿秋
介紹20位工商與拓墾的代表人物，包括吳沙、李春生、張達京、陳炘、陳中和、施世榜、林成祖、姜秀巒……等。

8 社會人物 (書名暫定)　　文／林孟欣
介紹20位對台灣社會有影響力的仕紳名人，包括施乾、洪騰雲、廖添丁、廣欽老和尚、施合鄭、阿善師……等。

9 台灣文學家 (書名暫定)　　文／李懷、張桂華
介紹20位對台灣社會有影響力的文學家，包括賴和、楊逵、王詩琅、鐘理和、吳濁流、呂赫若、楊喚、吳瀛濤……等。

10 台灣藝術家 (書名暫定)　　文／王淑津
介紹20位台灣藝術家，包括陳澄波、洪瑞麟、鄧南光、林朝英、江文也、于右任、井手薰、黃土水、陸森寶……等。

11 民間藝術家 (書名暫定)　　文／陳板等
介紹20位台灣藝術家，包括葉王、張德成、鄧雨賢、李天祿、陳達、林淵、洪通……等。

12 學術人物 (書名暫定)　　文／晏山農
介紹20位各領域的學術人物，包括連雅堂、胡適、杜聰明、張光直、吳大猷、蔣碩傑、印順法師、姚一葦……等。

國家圖書館出版品預行編目資料

在野台灣人 / 賴佳慧作；似鳥漫畫 . -- 初版 . -- 台北市 ：遠流，2001[民90]
　面；　公分 . --　（台灣放輕鬆系列；3）
　含索引
　ISBN 957-32-4266-4(平裝)

1 . 台灣 - 傳記
782 . 632　　　　　　　　89019683

台灣放輕鬆

台灣放輕鬆

台灣放輕鬆

台灣放輕鬆